東北本線

1960〜90年代の思い出アルバム

牧野和人（著）　安田就視（写真）

南福島〜金谷川間を走る急行「まつしま6号」。◎1982（昭和57）年10月31日　撮影：高橋義雄

.....Contents

福島～黒磯を結ぶ普通列車が、金谷川～松川間の松川橋梁を渡る。
◎1981（昭和56）年1月11日　撮影：高橋義雄

懐旧の駅舎 （絵葉書提供・文　生田　誠）

◎上野駅　1883（明治16）年に開業した上野駅は、2年後に初代本駅舎が竣工し、明治・大正時代を通して使用されてきた。しかし、1923（大正12）年の関東大震災で焼失。震災からの復興の中で1932（昭和7）年に完成したのが、この二代目駅舎である。その後、第二次世界大戦の戦災を乗り越え、現在もほぼ同じ外観で使用されている。

◎宇都宮駅　この宇都宮駅は、現在は京都鉄道博物館の一部となっている旧京都鉄道（山陰本線）の二条駅を模範として1902（明治35）年に建築された二代目の駅舎である。その後、1945（昭和20）年の宇都宮空襲で焼失し、翌年にバラック建築の三代目駅舎が建てられた。

◎郡山駅　1887（明治20）年に開業した郡山駅は、1900（明治33）年に二代目、1913（大正2）年に三代目駅舎に改築されている。これは洋風木造に建て替えられた三代目駅舎で、奥にホーム、跨線橋が見える。戦後にも2回の改築があり、現在の駅舎は五代目である。

◎福島駅　現在の福島駅は、1982（昭和57）年に東北新幹線が開業し、新幹線の駅舎・ホーム（西口）は高架駅となっている。これは地上駅であった時代の福島駅、木造の地上駅舎（東口）で、この東口側に福島市の市街地が広がり、阿武隈川が流れている。福島駅の開業は1887（明治20）年であった。

◎仙台駅　仙台市の玄関口である東北本線の仙台駅は、1887（明治20）年に開業した。1894（明治27）年に二代目駅舎が誕生、1945（昭和20）年に戦災の被害を受けるまで使用されていた。正面上に見える大時計は戦後、宮城県中央児童館に寄贈された。

仙台空襲で破壊された仙台駅の二代目駅舎は、戦後のバラック駅舎（三代目）の時代を経て、1949（昭和24）年に四代目の駅舎が竣工した。昭和戦後期の風景であり、駅前にも自動車の姿が増えてきたことがわかる。

◎仙台駅構内　東北本線ととも
に仙山線、宮城電気鉄道（仙石
線）、常磐線の路線が乗り入れて
いた仙台駅。宮城県内の交通の
要であり、構内は広大であった。
奥にホーム、列車が見え、左手に
駅舎が存在する。

◎仙台駅前　仙台市電が走る仙
台市内、駅前電車通りの風景で
ある。右手には仙台土産を販売
する物産店、旅館の姿がある。
この仙台市電は1926（大正15）
年に開業、市民に惜しまれつつ、
1976（昭和51）年に廃止された。

◎一関機関区　岩手県一関市の
玄関口である東北本線・東北新
幹線の一関駅。この駅に隣接し
て存在した一関機関区である。
「鉄道院一関駅舎改築　祝賀会」
の記念スタンプが押されており、
日付は1913（大正2）年4月18
日である。機関庫から出る蒸気
機関車と、右側に貨車の姿があ
る。

◎盛岡駅 盛岡駅は1890（明治23）年に日本鉄道の駅として開業している。これは盛岡出身の総理大臣、原敬の棺が盛岡駅に到着した際の様子で、彼を慕う多くの人が駅に詰めかけ、駅前に多数の人力車が並んでいる。「平民宰相」として人気のあった原敬は1921（大正10）年11月4日に東京駅で暗殺された。葬儀は同月11日、盛岡の大慈寺で行われた。

◎浅虫駅 現在の浅虫温泉駅は、日本鉄道の浅虫駅として1891（明治24）年に開業している。浅虫温泉の玄関口であり、1985（昭和60）年に現駅名に改称された。これは昭和戦前期の風景で、現在も外見はほぼ同じである。温泉の湯治客らしき盛装した男女の姿が見える。

◎青森駅 東北本線・奥羽本線の終着駅である青森駅は、1891（明治24）年に日本鉄道の駅として開業した。1906（明治39）年に安方口から新町口に移転し、二代目駅舎が誕生している。これは1935（昭和10）年に建設された三代目駅舎で、1959（昭和34）年に現駅舎（四代目）にバトンタッチした。

はじめに

　在来線の優等列車が百花繚乱の体を成していた華やかりし頃、上野駅の地平ホームには旅人を彼の地へと誘う熱気が充満していた。みちのく、上越に越前、越後。いにしえの地域を指す言葉が名前に用いられている列車のサボを見るだけで、その列車に乗って一夜の夢を結んだ後、降り立った先に現れる駅の情景が思い浮かんだものだ。とりわけ東北本線は東京と沿線地域を結ぶ路線であることはもちろん、青森で青函連絡船に接続する北海道連絡の重責も担う主要幹線だった。それ故、上野〜青森間を走破する列車が昼夜を問わず、頻繁に行き交っていた。

　寝台特急「ゆうづる」は最盛期に7往復も運転されていた。昭和40年代、50年代は自動車が台頭し、飛行機が各都市間に1日何便も飛び交うようになりつつあった時代だ。それでも東北新幹線の開業前夜、仙台、盛岡、青森等を目指すには、ほぼ1日列車に揺られる旅が未だ一般的であった。

　動力近代化の初期に登場した車両はリクライニングしない座席や、今日ほど清潔には見えない御手洗い等、すこぶる快適な車内ではなかったかもしれない。それでも流れる車窓に目をやる余裕がある時間は、新幹線での移動とは一線を画す鉄道旅の醍醐味だったのかも知れない。また窓の開く車両では、立ち売りの駅弁を座席に居ながらにして購入することができた。大きな箱を首から下げた売り子さんは、ホームを離れる列車に向かって、ずっと手を振っていた。

　本書には東北本線が全区間に亘って活気に満ちていた時代の名列車、怪列車が多数登場する。かつて日本一の延長距離を誇った長大幹線に想いを馳せ、時代毎の情景を楽しんでいただけたら幸いである。

2018年11月　牧野和人

1章
上野駅～黒磯駅

久喜～栗橋間を走る急行「なすの6号」。◎1981（昭和56）年10月25日　撮影：高橋義雄

上野駅〜黒磯駅

くぐもった情緒が漂う地平ホーム

東京から北へ向かう鉄道旅の始まりは上野駅。旅客輸送で現在の主力となっている東北新幹線は開業当初、当駅を起点としていた。しかし、1991（平成3）年に東京駅までの3.6キロメートル区間が延伸開業し、上野は始発駅より一つ先の途中駅となった。今日では「はやぶさ」等、ホームを通過する列車がある。また、2015年には東京〜上野間を結ぶ上野東京ラインが在来線の新路線として開業した。当路線を経由して東海道本線から東北本線、高崎線、常磐線等へ直通する列車が多く設定され、上野始発の列車は影を薄くしている。

それでも広々とした構内には、行き止まり式の地平ホームが櫛状に並んで旅情を掻き立てる。常磐線や高崎線、専ら通勤型電車が走る山手線や京浜東北線が乗り入れる上野だが線路名称上、JR東日本の路線として当駅を通る在来線は東北本線のみである。上野〜大宮間は東北本線の範疇に入るし、上野東京ラインは東北縦貫線と呼ばれる列車線となる。常磐線の起点は日暮里だ。また、京浜東北線は東北本線の電車（緩行）線であり、山手線は京浜東北線と離れる区間で、独立した路線という位置付けになるのだ。

東北、北海道方面からの夜行列車が姿を消して久しい地平ホームは、宇都宮方面へ向かう近郊電車の乗降客で今も活況を呈している。上野東京ラインの開通で少なくなった当駅始発の列車で座席を確保するため、列車待ちの乗客の列は早くから連なり出しているようさえ見える。

ボックス席が旅行気分を盛り上げる

みちのくへ向かう長旅の座席は、視線を自然と車窓に向けられるボックス席が良い。上野始発の列車はほとんどが宇都宮行き。日中、東海道本線から直通する黒磯行きがあるものの、北紀行は多くの名列車が発着した地平ホームから始めたい。

構内通路等が被さるホームを離れて陽光下へ飛び出した列車は山手線、常磐線の線路と並行して左手に大きく曲がる。日暮里付近では東北新幹線、京成電鉄の線路が加わり、14条の線路がずらりと並ぶ。東北本線は山手線の西日暮里付近から京浜東北線等と離れ、大規模な車両基地の北側を通って尾久を経由する。王子の手前で京浜東北線を潜って線路は再

び並行する。車窓右手には東北新幹線の高架がある。

赤羽で埼京線と離合し、荒川を渡って埼玉県下に入る。南浦和は武蔵野線と交差する連絡駅。かつては埼玉県の県庁所在地であり、さいたま市の一行政区となった浦和は駅名に旧市名を残す。現在もさいたま市役所浦和区役所の最寄り駅だ。沿線が広大な商業施設や多くのイベント会場として使われるさいたまスーパーアリーナに囲まれると2000年に開業したさいたま新都心。左手に埼京線が近づき、列車は鉄道の街として栄えた大宮へ入って行く。

東北新幹線の駅がある大宮を出ると大宮車両所の大きな車庫、作業棟を見て高崎線を跨ぐ。沿線住民にとっての憩いの場である大宮公園辺りまでは東武鉄道野田線と並行。土呂を過ぎ、産業道路を潜った先に東大宮センター（東大宮市操車場）の留置線が並ぶ。東大宮から蓮田に至る区間では沿線に田畑が散見されるようになる。この辺りは古くから鉄道撮影の名所として愛好家の間で知られた所だ。

久喜付近は地域鉄道の集束地である。駅付近では東北新幹線と東武鉄道伊勢崎線が近寄って来る。隣駅の東鷲宮を過ぎると沿線には広大な田園風景が広がり、線路はゆったりとした曲線を描く。栗橋では東武鉄道日光線と連絡。当駅構内には東北本線と東武日光線を直通する特急列車のために連絡線が設けられている。流域面積が日本一の利根川を渡って旅路は埼玉県から茨城県へ移る。

奥州街道沿いに続く街を結んで

東北新幹線の高架橋が車内まで影を落とし始めて小山へ。当駅からは両毛線、水戸線と4方向にJR路線が延びる。次駅の小金井付近には、東北本線の直流区間を走る電車の基地となっている小山車両センターがある。車両の運用上、当駅を始発終点としている列車は多い。線路の西側には国道4号の旧道が並行して車窓を家並が流れて行く。

石橋駅を出ると程なく、右手に宇都宮貨物ターミナルの施設が数キロメートルに亘って続く。施設構内が途切れた辺りから沿線は宇都宮市内になる。西側から単線のJR日光線が寄り添い、東北新幹線を潜ると栃木県の県庁所在地である宇都宮に到着する。

宇都宮駅は駅弁発祥の地と言われ、多彩な弁当類の中には、その原形とされる握り飯を竹皮で包んだ

弁当もある。窓が開く車両で立ち売りとのやり取りが行われていた頃に想いを馳せ、弁当を広げつつ車窓の左手に離れて行く新幹線を見送りながら駅を出発。

岡本を過ぎて日光の山中より流れ出る鬼怒川を渡る。宝積寺は烏山線の起点。当路線では蓄電池駆動電車システムを採用したEV・E301系「ACCUM」を運転している。栃木県下で奥州街道、陸羽街道と呼ばれる国道4号と絡みながら北上。蒲須坂の前後で市の堀用水、荒川を渡る。田園の中を高い築堤で進む。片岡付近では東北新幹線が一直線に頭上を跨いでいった。

かつては東武鉄道の矢板線が出ていた矢板近くで小さな丘陵を越え、箒川（ほうきがわ）を渡ると東側から高架橋を連ねた新幹線が近づく。西那須野は大正天皇等が温泉郷にある塩原御用邸へ向かう際に乗降された皇室ゆかりの駅。隣の那須塩原は東北新幹線駅の駅が開業して以来、那須御用邸へ向かう皇族が利用されるようになった。列車は新幹線の高架下を延々と走り、交直接続の駅である黒磯の構内へ足を進める。

嗚呼 上野駅

正月、お盆時期には風物詩として報道される帰省ラッシュ。鉄道が移動手段の多くを占めていた昭和40年代まで、東北本線に加え、上信越、常磐方面へ向かう帰省客が集まる上野駅の混雑ぶりは凄まじいものだった。東北・上越新幹線は未だ開業しておらず、発着するのはもっぱら在来線の列車だ。改札口付近には列車名と行先、発車時刻と入線番線を記した札がずらりと並んだ。早朝から深夜に至るまで臨時便を含めた多種多様な列車が、目的地を目指して分刻みでホームを離れて行く。目の前の空席に座ろうと、窓から車内へ入ろうとする人もいた。車両の窓を全開することができたからこその術である。

夜に発車する寝台車の当日券を買い求めるためか。はたまた限られた自由席の一画をいち早く確保する目論見か。駅は大荷物を抱えた旅人で終日ごった返した。構内に人が収まり切らず、駅舎の前には巨大なテントが張られて臨時の待合室となった。にわかに登場したテント村は駅の混雑振りを表す象徴として、テレビニュースや新聞で取り上げられることもしばしば。テントの下では同じ列車に乗る人が列をなし、いつしか同郷者が集まって世間話に花が咲く。喧騒の中に宴の席が散見されることも珍しくなかった。

古くからの商店街と栄えていた大宮駅東口側に比べて、西口側は戦後になっても開発の歩みが遅く、駅舎も小ぢんまりとしていた。昭和初期までは川越電気鉄道（後の西武大宮線）が駅舎を構えており、名残として西口側には写真の当時も西武バスの乗り入れが多かった。◎1968（昭和43）年　撮影：山田虎雄

宇都宮駅は、1945（昭和20）年の宇都宮大空襲で二代目駅舎（1902年に改築）が焼失し、戦後のバラック建築の三代目駅舎を経て1958（昭和33）年3月に四代目駅舎として完成した。当時から駅舎2階にはデパートが開業した。◎1965（昭和40）年　撮影：荻原二郎

上野駅の二代目駅舎左上の建物は西郷会館。その屋上部分に西郷隆盛の銅像がある。写真の左後方は不忍池、中央後方に上野公園に旧寛永寺五重塔。国立西洋美術館や東京文化会館はまだ建てられていない。西郷会館は2010（平成22）年に解体され、跡地にUENO3153が建設された。◎1956（昭和31）年1月　提供：朝日新聞社

東北本線をはじめ常磐線や山手線等、幾条もの線路が並ぶ上野界隈。
地平ホームへ続く線路上には、夜を徹してみちのく路を駆け抜けて来
た寝台特急「北斗星」の姿がある。高架上では山手線、東北本線の近
郊電車が慌ただしい都会の日常を彩っている。◎撮影：安田就視

ヘッドマークを外したEF81が牽引する寝台客車は回送列車だろうか。濃い赤色に塗色変更された交直流両用機関車の側面には、寝台特急を表す流れ星のマークが銀色で描かれている。青函トンネルの開業で設定された特急「北斗星」を牽引する専用機だ。左側の103系は取手行きの常磐快速。◎撮影：安田就視

上野を発車した特急「あいづ」。上野～会津若松間を東北本線・磐越西線経由で結んでいた。最後尾車から4両目に見える食堂車は1978（昭和53）年10月のダイヤ改正まで連結した。同日にヘッドサインは写真の白地に文字が記されたものから絵入り仕様に変更された。◎鶯谷～上野　1975（昭和50）年2月3日　撮影：安田就視

上野まで顔を出していた頃の583系「はつかり」。1968（昭和43）年9月にヨン・サン・トオのダイヤ改正に先立ちキハ81系を置き換えた。同ダイヤ改正時には常磐線経由から、全行程で東北本線を走行するようになり、東京～上野間を除く同線のほぼ全区間を走破した。◎鶯谷～日暮里　1979（昭和54）年7月23日撮影：安田就視

鶯谷付近で山手線と並行する東北本線上を行く185系の列車は「新特急なすの」。1985（昭和60）年3月の東北新幹線の上野～大宮間開業に伴い、従来の急行「なすの」「まつしま」を特急に昇格させて9往復を運転した。上野～宇都宮・黒磯間を結んだ。奥の列車は常磐線の中電415系。◎撮影：安田就視

東北本線、奥羽本線経由で上野～秋田間を結んでいた在来線特急時代の「つばさ」。485系は1975（昭和50）年から使用されていた。日暮里付近で撮影された画面の奥には「東北新幹線日暮里トンネル新設工事」と描かれた大看板が見える。看板の上には東北新幹線開業時のキャッチフレーズだった「ひかりは北へ」の文字が躍る。◎日暮里～鶯谷　1979（昭和54）年7月23日　撮影：安田就視

尾久機関区は東北本線、高崎線、常磐線の客車列車を担当していたが、1964（昭和39）年に田端機関区に統合され廃止された。撮影当時は特急、急行用のC62形蒸気機関車13両、普通列車用のC57形蒸気機関車7両をはじめ、試作の交直流電気機関車、入換用のディーゼル機関車が配置されていた。◎1961（昭和36）年3月　提供：朝日新聞社

東京都北区で交通、商業の拠点となっている赤羽。東北本線、赤羽線の駅は街の中心にある。地上駅舎時代には地下道から高架ホームへ上がる構内の動線構造から、マスコミ等に「日本一健康的な駅」と皮肉を込めて紹介されることがあった。◎1983（昭和58）年4月14日　撮影：安田就視

沿線で東北新幹線上野〜大宮間の建設工事が続く東北本線。赤羽〜尾久間で姿を現し始めた高架橋の傍らを走るのは185系の「新幹線リレー号」だ。上野〜大宮間を東北新幹線大宮〜盛岡間が開業した1982（昭和57）年から、上野延伸開業を果たした1985（昭和60）年まで運転された。14両の長大編成である。◎1983（昭和58）年4月　撮影：安田就視

全面的に高架化された赤羽駅の構内を京浜東北線のホームから望む。211系が入って来たホームは、上野へ向かう東北本線の上り線。209系が見える線路は京浜東北線の南行線だ。京浜東北線は高架化されて間もない様子で門型の架線柱は陽光を受けて未だ輝きを帯びている。
◎1999（平成11）年2月
撮影：安田就視

上野〜山形間の特急だった「やまばと」。3往復が設定されていたが、同じ運転区間を通っていた「つばさ」3往復と合わせてL特急に指定されていた。東北新幹線の大宮開業後も、都区内からの利用客に便宜を図るかたちで、下り2本、上り1本の列車が存続した。◎赤羽　撮影：安田就視

京浜東北線蕨〜西川口間では、貨物線と合わせて3複線が並ぶ線路形状となる。上り急行が、西川口へ停車するために速度を下げ始めた京浜東北線の103系に迫って来た。「日光」「なすの」等、直流区間のみを走行する急行には165系電車が用いられた。◎1981（昭和56）年3月8日　撮影：安田就視

第二次世界大戦後に貨物用直流電気機関車の標準型として登場したEF15。鉄道車両の近代化に手が付けられ始めた1947（昭和22）年から1958（昭和33）年にかけて製造された。車体前面にはデッキを備え、旧型車両然とした姿をしている。新製時より東北本線はもとより、隣接する高崎線、上越線等にも投入された。◎川口〜西川口　1981（昭和56）年3月3日　撮影：安田就視

川口～西川口付近を行く特急「いなほ」。485系により電車化された際、上野～青森間に1往復が増発され、従来から運転されていた上野～秋田間の1往復と合わせて2往復体制となった。ほぼ、日中一杯をかけて走る長距離列車ゆえ、列車編成は食堂車を含む堂々たるものだった。◎1981 (昭和56) 年3月8日　撮影：安田就視

大宮を過ぎれば後は終点上野まで一本道だ。特急「はつかり」は赤羽を通過して、一気に上野まで駆け抜ける。上野寄りに連結されたクハ481は隙間風対策等から非貫通の前面構造となった300番台。1975 (昭和50) 年にボンネット型のクロ481と振り返られた。◎西川口～蕨　1981 (昭和56) 年3月8日　撮影：安田就視

下り特急「あいづ」が大宮へ向かって、轟音と共に目の前を通過して行った。線路の高さから眺める走行車両は迫力がある。昭和50年代までは線路と道路を隔てる柵はほとんどが低く、道路から列車を眺めるのは身近で手軽な楽しみだった。◎蕨〜西川口 1981（昭和56）年3月8日 撮影：安田就視

上野〜盛岡間を結び、使用車両は483系から485系へと受け継がれた特急「やまびこ」。1965（昭和40）年に東北本線の電化区間が盛岡まで延伸した際に1往復で運転を開始した。1972（昭和47）年に定期列車2往復、不定期1往復に増発された。◎蕨〜西川口 1981（昭和56）年3月8日 撮影：安田就視

旧国鉄マークが描かれたコンテナを積んだ列車を牽引して貨物線を行くEF65 1000番台車。寒冷地での重連対策として貫通扉を備えた客貨万能機は、昭和40年代に入ると旧型電気に代わり、直流電化区間の主力に成長していった。◎蕨〜西川口 1981（昭和56）年3月8日 撮影：安田就視

京浜東北線の蕨付近を行く165系の上り急行。普通車で構成される3両1ユニットの基本編成を3つ連ね、グリーン車2両を中間に組み込んだ11両編成である。グリーン車の帯は1978（昭和53）年の塗装規定改訂で廃止されたが、編成中の1両には緑色の帯が残っている。1981（昭和56）年3月8日　撮影：安田就視

下り急行が通過して行った。使用されている165系は、東海道本線に急行用電車として登場した153系の山岳路線仕様車だった。しかし、東北本線系統の列車は、比較的平坦な区間を走行するものがほとんどだった。◎蕨～西川口　1981（昭和56）年3月8日　撮影：安田就視

東北本線の直流電化区間は首都圏の近郊路線でもある。上野と宇都宮、小金井等を結ぶ区間列車は昭和50年代の後半には、旧型客車から115系電車に置き換えられた。客室ドアは閑散区間での運転に備え、室内に手動で開閉できるボタンを備えていた。◎南浦和付近　1999（平成11）年2月　撮影：安田就視

大宮市（現・さいたま市大宮区）仲町2丁目の上空から、東北本線・高崎線・川越線の大宮駅東口周辺を空撮。正面は大宮ステーションビル。手前は高島屋大宮店。
◎1976（昭和51）年5月7日　提供：朝日新聞社

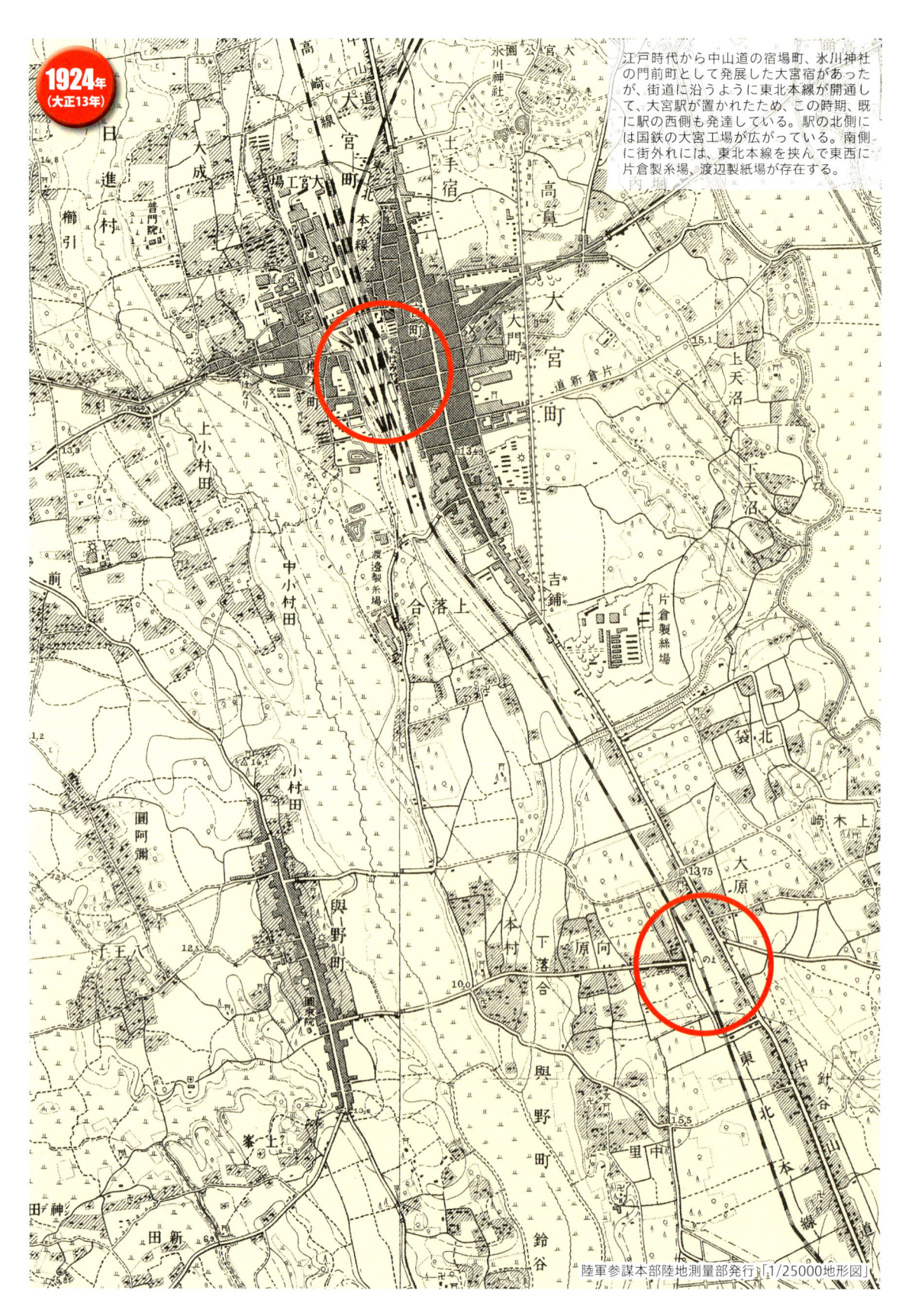

江戸時代から中山道の宿場町、氷川神社の門前町として発展した大宮宿があったが、街道に沿うように東北本線が開通して、大宮駅が置かれたため、この時期、既に駅の西側も発達している。駅の北側には国鉄の大宮工場が広がっている。南側に街外れには、東北本線を挟んで東西に片倉製糸場、渡辺製紙場が存在する。

陸軍参謀本部陸地測量部発行『1/25000地形図』

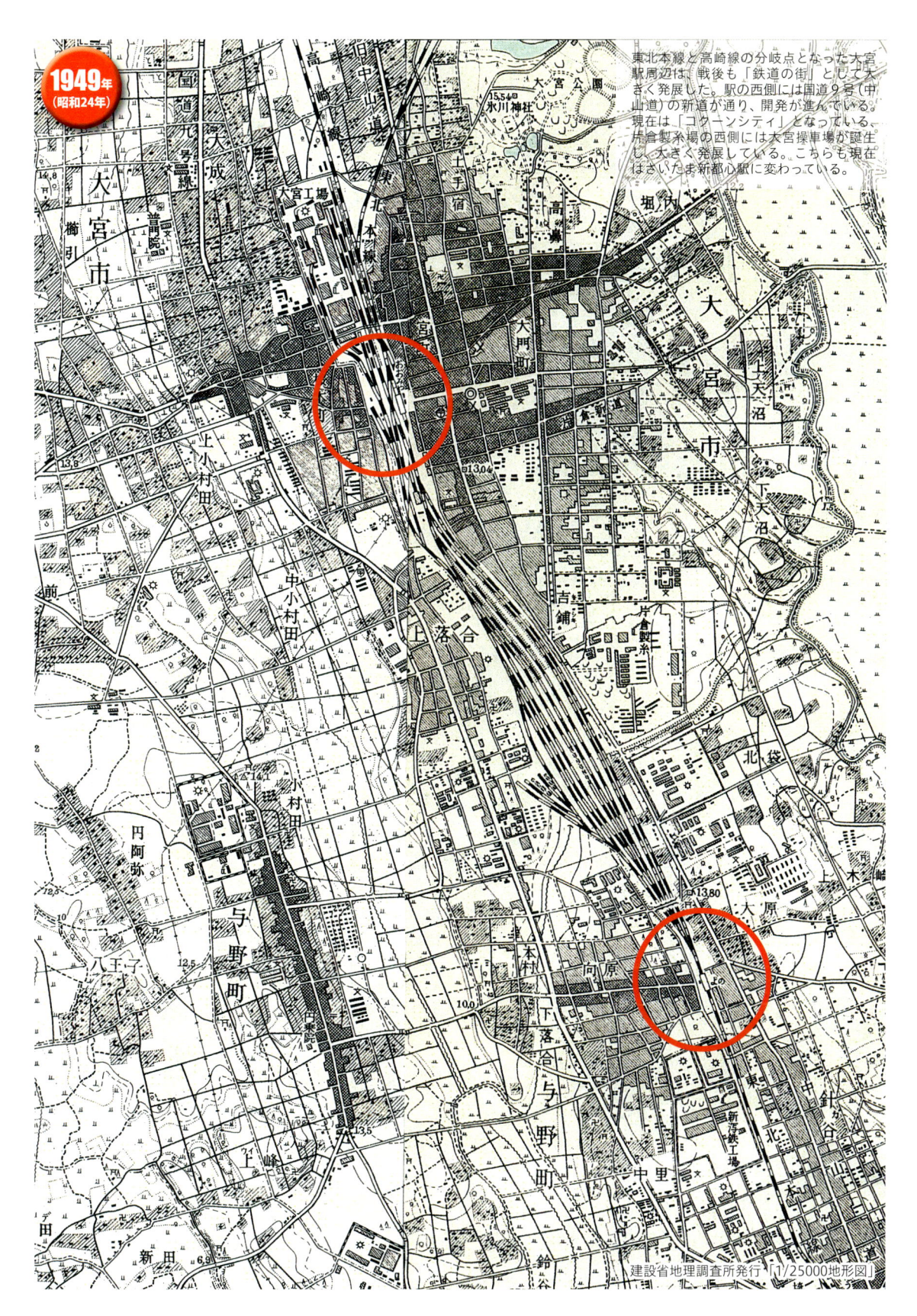

東北本線と高崎線の分岐点となった大宮駅周辺は、戦後も「鉄道の街」として大きく発展した。駅の西側には国道9号（中山道）の新道が通り、開発が進んでいる。現在は「コクーンシティ」となっている。片倉製糸場の西側には大宮操車場が誕生し大きく発展している。こちらも現在はさいたま新都心駅に変わっている。

1949年
（昭和24年）

建設省地理調査所発行「1/25000地形図」

年号が平成に代わった年の大宮駅東口。市役所（現・大宮区役所）が至近にあり、商業区域に面した立地は従来から街の玄関口と呼ぶに相応しい存在だった。駅前にはバスターミナルがあり、北大宮駅や氷川参道経由で市街地や郊外部へ向かう路線バスが発着する。◎1989（平成元）年10月24日　撮影：安田就視

真新しい新幹線駅の前に木造の民家が建つ。大宮駅の西口周辺は東北新幹線の開業を機に再開発が進められた。現在は大型の商業施設や埼玉県物産観光館「そびあ」が入る高層ビルのソニックシティビルが建ち並び、近代的な表情の街に変貌した。◎1982（昭和57）年5月17日　撮影：安田就視

大宮に停車する「新幹線リレー号」。東北新幹線の大宮〜盛岡間暫定開業に合わせて、大宮〜上野間を在来線で結ぶ専用連絡列車が設定された。新幹線特急券を所持している利用客のみが乗車できた。また発着ホーム、通路も他の在来線列車と区別されていた。◎撮影：安田就視

東北特急の多数派だった「ひばり」

在来線特急の全盛期に、東北本線で一大勢力を誇っていた列車が「ひばり」だった。上野〜仙台間を結ぶ不定期特急として1961（昭和36）年に登場した際には、キハ82系気動車で運転された。1965（昭和40）年10月からは新製された453系電車に代わり2往復の運転となった。ヨン・サン・トオの白紙ダイヤ改正時には5往復に増便。1978年10月のダイヤ改正をピークに15往復の運転体制となった。但し、このダイヤ改正に合わせて上野〜宇都宮間の規格ダイヤが見直された影響を受け、それまで概ね4時間を切っていた上野〜仙台間の所要時間は4時間15分前後を要するようになった。線路の状態が影響したのか、高速運転時にはよく揺れると不評を買うことがあった東北特急である。東北新幹線が最初の開業区間を大宮〜盛岡間としたためか、今日まで列車名に「ひばり」は登場していない。仙台発着の列車名に「やまびこ」が採用されている今日、杜の都へ向けて再び「ひばり」が飛び立つ日は来るのだろうか。

先頭部に取り付けられた旧国鉄の特急エンブレムは朝日を受けて輝いていた。栗橋〜古河間の曲線区間で車体を傾ける列車は特急「ひばり」。北へ向かう列車の先頭には、こだま型と同じボンネット型のクハ481が充てられていた。◎1974（昭和49）年3月24日　撮影：安田就視

上下線が僅かに離れる栗橋〜古河間を行く下り特急「はつかり」。旧国鉄時代には多くの東北特急に充当された交直流両用の485系が、直流区間を軽快に走り抜けて行った。上り線では同じ車両の上野行き特急が通過中だ。◎1974（昭和49）年3月24日　撮影：安田就視

古河〜栗橋間に架かる利根川橋梁は、昭和50年代に入ると主要な鉄道橋で日本最古のものとなっていた。桁の浸食等、老朽化が進んでいたことから1981（昭和56）年に新橋梁へ架け替えられた。列車が通過する橋梁の後ろに、撤去作業中の旧橋脚が見える。◎1983（昭和58）年4月　撮影：安田就視

小腹を満たす駅蕎麦は旅先でのささやかな楽しみだ。小山駅構内には東北本線上りホーム、両毛線、水戸線の各ホームで立ち食い蕎麦のスタンドが営業していた。両毛線、水戸線ホームの店舗は2015年を以って閉店。現在は東北本線ホームのTASTY　KIOSKのみ営業を続けている。◎1985（昭和60）年4月1日　撮影：安田就視

東北新幹線が開業前の実験線を敷設していた小山周辺。在来線のホームに隣接して建設された、新幹線ホームは構内の西側にある。新幹線単独の改札口はなく、一旦在来線の改札口を通ってから乗換改札口より新幹線の自由通路へ入る構造となっている。◎1982（昭和57）年5月17日　撮影：安田就視

東北新幹線が並行する小山～小金井間を行く上り寝台特急「北斗星」。当区間では鉄道と国道４号が南北方向へ直線的に延びている。特に日の短い季節には、西側に壁のごとくそびえる新幹線高架橋の影が在来線に落ちやすい。線路が住宅街と田畑を分ける境界線の様に映る。◎1998（平成10）年12月　撮影：安田就視

宇都宮方に小山電車区（現・小山車両センター）がある小金井駅では、上野方からやってきた多くの列車が折り返していた。黒磯方面へ直通する15両編成の列車は、ホーム上で基本編成と付属編成の開放・併結作業が行われた。◎1982（昭和57）年５月17日　撮影：安田就視

２面４線のホームが地上にある小金井駅。在来線を跨ぐ橋上駅舎へは、東西口から階段を上がる。西口の上部を東北新幹線が通っているため、あたかも高架上にホームがあるかのように見える。写真中央部に見える階段を上がると、改札外の自由通路へ出られる。◎1982（昭和57）年５月17日　撮影：安田就視

宇都宮市駅前通り近くの上空から、東北本線と日光線の宇都宮駅（写真中央付近）周辺を空撮。手前は市内を流れる田川に架かる大通り上の宮の橋。◎1973（昭和48）年12月5日　提供：朝日新聞社

東北本線は、栗橋駅村近からは国道4号（奥州街道）と寄り添うようにして北に進む。宇都宮駅から分かれる日光線は、国道119号（日光街道）とともに日光駅方面に向かう。この時期はまだ東武宇都宮線は開通していない。二荒山神社の北側には栃木県庁、南側には宇都宮市役所がある。

陸軍参謀本部陸地測量部発行「1/25000地形図」

日光線と同様、南西方面から延びてきた東武宇都宮線には、終着駅である東武宇都宮駅が置かれている。一方、国鉄の宇都宮駅の西側には「鉄道病院」が誕生している。二荒山神社の北側には町八幡山公園として整備され、宇都宮競輪場が開設されている。現在は1980（昭和55）年に建てられた宇都宮タワーが存在する。

建設省国土地理院発行「1/25000地形図」

栃木県の県庁所在地宇都宮市のJR駅は、明治時代に日本鉄道第二区線終点として開業した。当時は繁華街から若干離れた田川の東岸に鉄道が建設された。駅前からは市内の中心部等へ向かう路線バスが次々と発着して行く。◎1982（昭和57）年5月撮影：安田就視

近郊電車が慌ただしく行き交う印象が強い東北本線の直流区間。しかし、宇都宮を過ぎて鬼怒川を渡ると、沿線は広々とした田畑が続く長閑な風景が目立つようになる。北風が強くなり始めた初冬。一直線に延びた線路上を短編成の電車が小気味良いジョイント音を響かせて通過した。
◎蒲須坂～氏家　1998（平成10）年12月
撮影：安田就視

東北本線は旅客輸送と同時に、北海道や東北の主要都市と首都圏の間における物流を受け持つ貨物線としての重責も担う。EF65の1000番台車は客貨両用の直流形電気機関車だ。旧国鉄機の決定版として昭和40年代より、東北本線の直流区間へ進出。高速貨物列車の牽引に当たった。
◎蒲須坂〜氏家　1998（平成10）年12月
撮影：安田就視

青空の中を鯉のぼりが泳ぐ野崎〜西那須野間を行く特急「ひばり」。キハ82系を使用して1往復の運転から始まった上野〜仙台間の特急は、この写真が撮影された1973（昭和48）年当時に1日13往復の定期列車が行き交う、東北南部を代表する特急に成長していた。◎1973（昭和48）年4月14日　撮影：安田就視

切妻屋根の木造駅舎が現在も現役施設として使用されている野崎駅。大田原市内で唯一の鉄道駅である。しかし、駅は街の中心部と離れており、所在地は箒川沿いの市内北西部となっている。市役所等へは、那須塩原市内となる隣駅の西那須野が最寄りである。◎1992（平成4）年7月27日　撮影：安田就視

東北新幹線が西口の上を通る西那須野。明治から大正時代にかけて、那須人車軌道（後の那須軌道）、塩原軌道（後の塩原電車）、東野鉄道が当駅を起点として開業し、地域鉄道の拠点となっていた。現在は駅前より、各方面へ向かう路線バスがある。◎1982（昭和57）年6月　撮影：安田就視

東那須野は東北新幹線の開業時に新幹線の停車駅となり、那須塩原と改称した。東北新幹線の計画時には、仮称として「新那須」とする案があった。しかし、沿線自治体等から地域の温泉地である塩原を駅名に入れたいとの要望があり、折衷案として那須塩原に落ち着いた。◎1986（昭和61）年5月　撮影：安田就視

駅前にタクシーが並ぶ黒磯。かつては東北本線の特急、急行が多く停車していた。しかし、東北新幹線の開業時に駅は廃止されなかった。その一方で在来線を走るほとんどの昼行優等列車は廃止された。交流直流電化区間の接点であることに変わりはなく、普通列車で東北本線を旅する際には当駅で乗り継ぐことになる。◎1982（昭和57）年5月　撮影：安田就視

実りの季節を迎えた黒磯〜高久間でタンク車を連ねた貨物列車が、重厚なジョイント音を響かせながら通過して行った。高いコンクリート製の壁を連らねた東北新幹線が、在来線と並行している。長閑な里山風景が広がっていた沿線は、高速鉄道の建設で趣を変えた。◎1986（昭和61）年9月　撮影：安田就視

東北本線（上野〜福島間）時刻表（昭和39年2月）

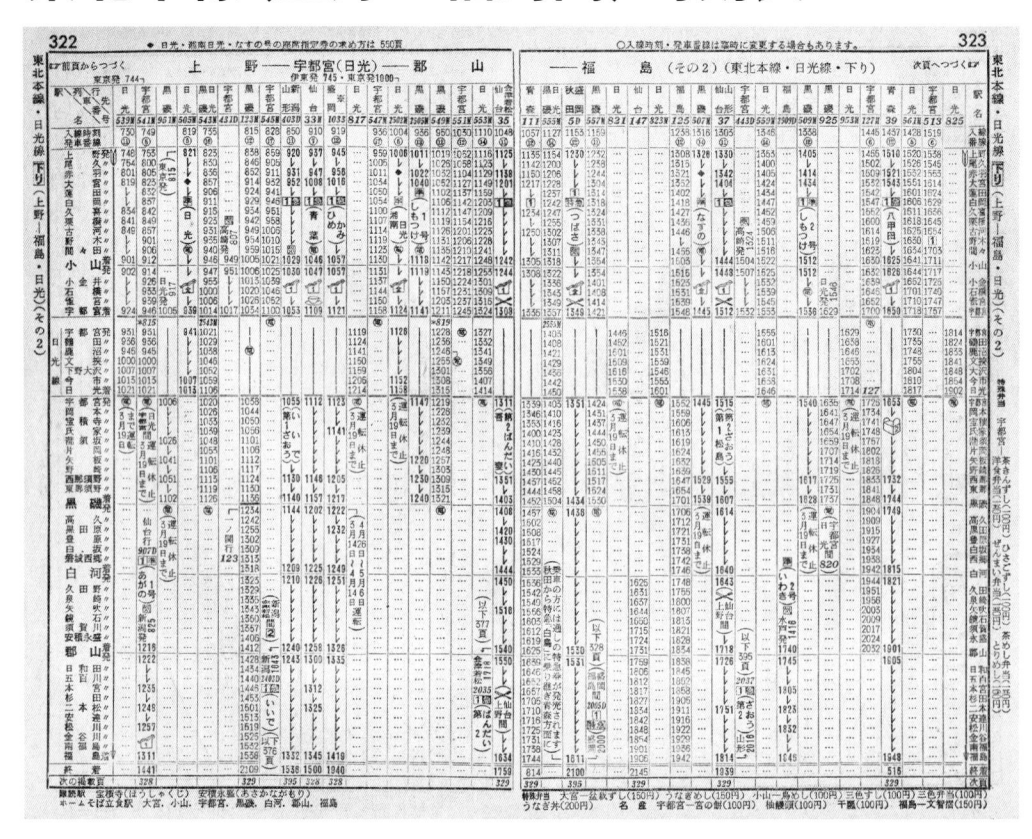

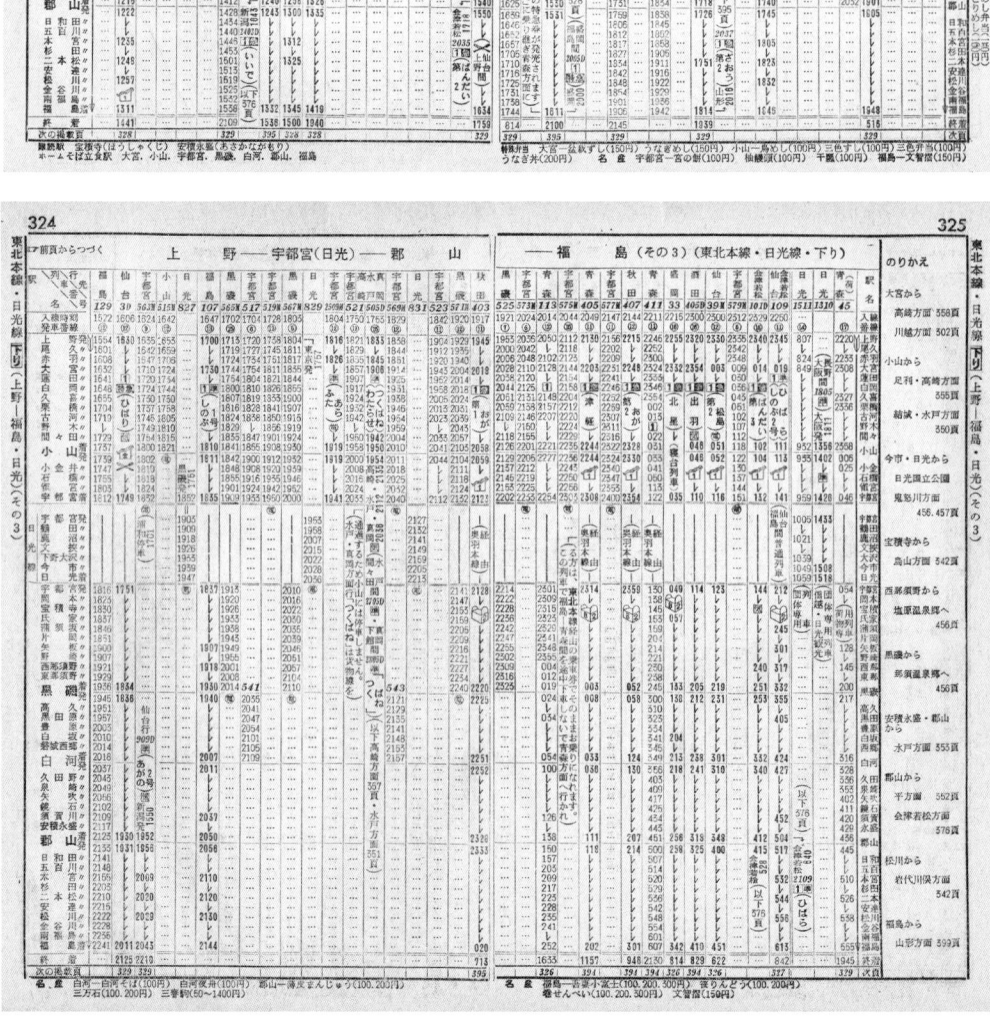

2章
黒磯駅〜仙台駅

杉田〜本宮間を走る急行「ざおう」。©1982（昭和57）年10月11日　撮影：高橋義雄

黒磯駅〜仙台駅

直流化された黒磯駅構内

2018年1月1日から3日にかけて電化方式の切り替え工事が行われ、黒磯駅の構内全体が直流化された。交流区間とのデッドセクションは、福島方に新設された。以前は黒磯駅まで乗り入れていた交流形電車は新白河以北の運用を受け持ち、黒磯〜新白河間の列車は交直流電車（E531系）と気動車で運転している。また、貨物列車等の牽引には交直流両用のEH500が当たり、車内で電流方式の切り替えを行っている。

黒磯を出るとしばらくは東北新幹線と並んで北東方向へ進路を取る。高久を過ぎると新幹線の高架橋は左手に離れ、在来線は黒川が生み出した谷筋へと向かう。黒田原から白坂まで線路は何度も左右へ曲がりくねりながら丘陵越えの山路を進む。白坂の手前で、上下線は大きく離れる。この辺りでは天気に恵まれると奥日光の連山を遠望できる。列車は新幹線の駅がある新白河を経て江戸時代まで奥州三関の一つに数えられる白河の関が置かれていた、旧城下町の白河へ。福島県下となりこれより北が東北とされる。

福島県下の鉄道拠点郡山、福島

国道4号とともに北上。旧奥州街道と水戸街道の分岐点であった矢吹を経て、車窓に里山の景色が流れるうちに日本三大火祭りの一つである「松明あかし」が例年11月に開催される須賀川へ至る。須賀川では市街地の東側を釈迦堂川と阿武隈川2本の大河が流れる。

須賀川駅を出るとしばらくして、阿武隈川が東側の車窓を飾る。川が視界を離れた先で寄り添ってきた線路は水郡線。東北新幹線が頭上を越えて安積永盛に到着する。当駅は郡山市の南端部に位置する。沿線に住宅街が目立ち始め、東側車窓に郡山貨物ターミナルの構内が広がる。反対側の車窓では福島産業交流館（ビッグパレットふくしま）が銀色の個性的な姿を輝かせている。貨物ターミナルから延びる線路が本線と並行し、三路線の形状で郡山駅の構内へ入る。

4方向へ線路が延び、地域の拠点と位置付けられる郡山。東北新幹線、東北本線の駅が置かれ、磐越東線の終点であり磐越西線の起点となっている。東北本線で当駅を始発終点としている列車も多い。駅

を発車すると、すぐに磐越西線が新幹線の高架橋を潜って西側へ離れて行く。そして逢瀬川を渡ると、磐越東線が東方へ離れる。東北本線はしばし新幹線と並走し、新幹線の郡山保守基地線を過ぎた辺りから高架橋を潜って北西方向へ進む。徐々に国道4号へ近づき、付かず離れずの距離で先を進む。二本松は旧城下町であると共に「大七」「奥の松」等、銘酒の醸造元が並ぶ造り酒屋の街だ。

鬼婆伝説の発祥地である安達ケ原を越えて福島市郊外の丘陵地へ。松川を過ぎて下り線は森影をすり抜ける。それに対して上り線は金谷川より高いコンクリート橋梁で谷を渡る。この付近で新幹線は在来線の至近を通っているのだが、線路は長大なトンネルの中だ。桃などの果樹園に囲まれた山中を進むうちに福島盆地を前方に見下し、荒川を渡って列車は新幹線と共に福島駅の構内へ入って行く。

目千本の桜並木に酔いしれる

福島には東北新幹線、東北本線の他、新幹線が走る標準軌路線となった奥羽本線をはじめ、飯坂温泉へ向かう福島交通、阿武隈急行の列車が発着する。山形新幹線が開業するまでは、隣接していた機関区に被う本線用等として多数の電気機関車が配置され、赤い機関車で賑わった往時の様子は窺うべくもない。それでも様々な電車が姿を見せると、構内は今以って活気に満ちて来る。

福島へは東北本線の線路を利用して、阿武隈急行の列車が乗り入れている。福島を出ると新幹線を潜り、市街地の北部にそびえる信夫山の麓を回る。福島交通飯坂線を潜り、松川を渡って市の郊外部へ出る。東福島手前の矢野目信号所で阿武隈急行が分岐する。東福島にはかつて貨物列車が発着していた貨物駅が隣接していた。現在は自動車による貨物輸送の基地であるオフレールステーションとなっている。

高架橋を行く新幹線と絡みながら進み、急勾配区間が控える藤田付近から新幹線はトンネル区間へ入る。一方、在来線の列車は高地にある貝田へ向かって片勾配を駆け上がって行く。周囲にはリンゴ等の果樹園が多く、春は花、秋には果物が車窓に彩りを添える。貝田の白石方で福島と宮城の県境を跨ぐ。越河〜白石間の馬牛沼付近は、水田の中を行く上り列車を撮影できる、愛好家に人気のお立ち台だ。

山間部を抜けるとトンネルから飛び出した東北新

幹線が上方を渡り、宮城県南端部の市である白石に到着する。白石〜仙台間には日中1時間に1往復程度の区間列車が運転され、福島方面へ行き来する列車と合わせて運転本数は増える。同じ市内にある東北新幹線の白石蔵王は、東に1.2キロメートル程離れている。東白石付近からは白石川の南岸を走る。途中大河原から船岡付近にかけて、堤防沿いに一目千本と呼ばれる桜並木が続いている。開花期に船岡付近の城址公園へ上がると、鉄路と桜並木の向うに蔵王

連山を望む絶景が広がる。

　阿武隈川へ注ぐ白石川を渡り、槻木で阿武隈急行と合流。次駅の岩沼は日暮里で分かれた常磐線の終点だ。沿線に家並が建て込み始めた中で、仙台空港アクセス線の分岐駅である名取を経て名取市内を縦断し、南仙台の手前で仙台市内へ入って名取川を渡る。西側から東北新幹線が寄り添って来て並行。市の象徴と称えられる広瀬川を渡り、杜の都仙台の鉄道玄関駅へ足を踏み入れる。

写真の黒磯駅駅舎は、1980（昭和55）年9月に現在の駅舎が完成するまで使用された。黒磯駅は、皇族が那須御用邸に滞在される際のお召列車発着駅であり、皇室専用の出入り口や待合室が設けられている。しかし、東北新幹線開業後は那須塩原駅が利用されており、黒磯駅はほとんど使われていない。◎1967（昭和42）年　撮影：荻原二郎

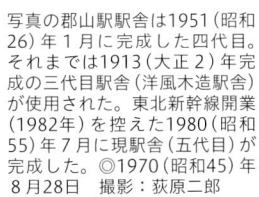

写真の郡山駅駅舎は1951（昭和26）年1月に完成した四代目。それまでは1913（大正2）年完成の三代目駅舎（洋風木造駅舎）が使用された。東北新幹線開業（1982年）を控えた1980（昭和55）年7月に現駅舎（五代目）が完成した。◎1970（昭和45）年8月28日　撮影：荻原二郎

福島駅は1887（明治20）年12月に日本鉄道が郡山〜仙台間を開通させた際に開業した。写真の駅舎は1962（昭和37）年に新駅舎が完成するまで使用された。◎1961（昭和36）年5月　所蔵：フォト・パブリッシング

昭和末期から平成にかけて、各地で趣向を凝らした団体輸送用
の客車が誕生した。「スーパーエクスプレスレインボー」は12系、
14系座席車からの改造車。広々とした展望室や個室等を備えた
豪華な仕様を誇っていた。ED75の牽引で東北本線を北上する。
◎黒磯〜高久　1991（平成3）年8月　撮影：安田就視

特急「あいづ」が、ホームをツバキで飾られた春の高久を通過して行った。東北新幹線の開業後、上野発着便として存続した優等列車の一つである。途中郡山から磐越西線へ乗り入れ、会津若松へ向かっていた。1993（平成5）年12月以降は、郡山〜会津若松間の運転となった。◎1987年（昭和62）年4月　撮影：安田就視

ホームをツツジの花が飾る高久に普通列車が入ってきた。かつて急行に活躍した客室扉2枚のデッキ付き電車だ。ホーム2面2線の簡潔な構造の構内を備える駅は、信号場として開設され1964（昭和39）年に駅へ昇格。1985（昭和60）年に無人化された。◎1987（昭和62）年4月　撮影：安田就視

寝台特急「エルム」。運転開始当時は乗車券を入手し辛いほどの人気を博した「北斗星」を補う列車として設定された臨時列車だった。運転区間は「北斗星」と同じ上野〜札幌間。モノクラスの寝台車で編成されていた。「スーパーエクスプレスレインボー」牽引機のEF81 95号機に牽かれて高久付近を行く。◎1991（平成3）年8月　撮影：安田就視

田んぼでは代掻きの最中。その傍らに菜の花が咲く。優しい春の景色に包まれた高久〜黒田原間を駆け抜けて行くのは特急「つばさ」。東北、上越新幹線が始発終点を大宮から上野へ移してからも、上野〜秋田間に1往復を運転していた。◎1987（昭和62）年5月1日　撮影：安田就視

白河市の市街地にある白河。新幹線駅がある新白河は東北本線の隣駅で、2.8キロメートル離れている。現役の施設である洋館風の駅舎は、1920（大正9）年竣工の2代目。白坂〜当駅間の路線変更に伴って駅は現所在地へ移転した。◎1982（昭和57）年5月　撮影：安田就視

明治時代の開業以来、市の玄関口でありながら素朴な佇まいの木造駅舎が使われていた旧国鉄時代の須賀川。玄関口付近に建つ周辺地図や自動販売機が設置された建屋は近年になって増築された模様だ。1991（平成3）年に市のコミュニティー施設を併設した新駅舎が竣工。駅部分が先行して使用を開始した。◎1982（昭和57）年6月17日　撮影：安田就視

冬枯れの鏡石〜須賀川間を行く普通列車。民営化以降、合理化策の一環として本線系の列車といえども編成の短縮化が図られた。旧国鉄時代には急行の主力として使用された455系等は、電動制御車と電動車、制御車で組成した3両編成が、列車として運用できる最小単位だった。◎1998（平成10）年12月　撮影：安田就視

58

郡山市堂前町近くの上空から、郡山市の市街中心部を空撮。写真の上方は東北本線と磐越東線、磐越西線の郡山駅（1887年・明治20年開業）。
◎1959（昭和34）年10月10日　提供：朝日新聞社

郡山市駅前2丁目の上空から、東北本線、磐越東線、磐越西線の郡山駅（写真中央）周辺を空撮。駅東の谷島町に日本パーオキサイド郡山工場（左）と保土ケ谷化学（右）の工場が見える。
◎1979（昭和54）年6月16日　提供：朝日新聞社

郡山へ入る列車はキハ58、キハ28の3両編成で運転する快速。旧国鉄時代から車両基地や工場が隣接する当駅は鉄路の要所だ。磐越東線、磐越西線が分岐し、非電化区間からは気動車が乗り入れて来る。旧国鉄時代の末期には各地で急行の快速化が推進されていた。◎1984（昭和59）年2月　撮影：安田就視

原色塗装の急行型電車で運転する普通列車が、線路に凍てついた雪を残す郡山駅に停車している。4番乗り場は東北本線の列車が主に発着するホームだ。編成にはグリーン車が組み込まれているものの緑色の帯は消され、「普通」の幕表示とともに寂しげな雰囲気を漂わせている。◎1984（昭和59）年2月　撮影：安田就視

郡山駅西口。ガラス壁の向うに東北新幹線のホームがある。現在の駅舎は新幹線の開業に先立ち、1980（昭和55）年に改築された5代目だ。新幹線乗り場は高架上にあるが、在来線乗り場は今日まで地上に置かれ、ホーム周辺は昔ながらの大型駅の風情を残している。◎1998（平成10）年12月　撮影：安田就視

阿武隈急行の8100系が郡山〜日和田間を行く。阿武隈急行は旧国鉄の丸森線を引き継いだ路線である。1988（昭和63）年に全区間が交流電化され、東北本線との相互直通運転を開始した。福島〜郡山間での運転が行われたのは2013（平成25）年3月まで。1往復が郡山まで乗り入れていた。◎1998（平成10）年12月　撮影：安田就視

大山地区で東北本線は小さな丘陵を越える。上り線にのみ設置されたトンネルの前後で上下線は若干離れる。同区間は1962（昭和37）年に複線化された。下り線には低い築堤が続き、上り線はトンネル内を含め、下り線との離合区間で緩やかなSカーブを描く線形となっている。◎本宮〜杉田間の701系　1991（平成3）年5月13日　撮影：安田就視

凍てついた水田の土はトラクターで掘り起こされ、未だ遠い春の訪れを待つ。線路際を枯れススキが被う中、足早に通り過ぎて行く417系普通列車の表情も寒々としている。客室の乗降扉が中央部に寄った近郊型電車はデッキの無い車内の仕様。駅で扉が開く毎に、車内へ寒気が忍び込んでくる。◎本宮〜杉田　1991（平成3）年3月17日　撮影：安田就視

電化後のみちのくを駆け回ったED75

　ヨン・サン・トオのダイヤ改正で全線電化を達成した東北本線。しかし多くの列車には未だ客車が用いられていた。そのような状況下で、昭和30年代から50年代にかけての客貨輸送を支えた機関車がED75だった。1963（昭和38）年に常磐線草野〜平（現・いわき）間の電化開業に合わせて登場した新型交流機は、1964（昭和39）年に一部が福島機関区へ転出。同年に新設された寝台特急「はくつる」を黒磯〜仙台間で牽引した。東北本線の電化進展と共に運用範囲を広げ、大量に新製車が投入されると先輩格のED71を置き換えていった。以降、交直両用電気機関車のEF81、EH500等が入線するまで、東北本線で唯一無二の電気機関車となった。ED75は奥羽、羽越本線や九州地区にも配置され、交流電気機関車の標準型として302両が製造された。

　昭和末期より客車列車の電車化や寝台特急の削減により、機関車を必要とする運用は減少した。また民営化以降は貨物列車の運用を、徐々に大出力車のEH500へ明け渡して定期仕業を失った。しかし臨時列車等の牽引用として仙台車両センターには、現在も3両が配属されている。

東北本線の主力機関車だったED75が、セメントホッパ車を牽引して日和山〜郡山間で大きな曲線を描く築堤上を行く。長大編成が思い浮かぶ幹線の貨物列車だが、途中駅に隣接する工場等から発着する列車には、短編成の専用貨物もよく見られた。◎1984（昭和59）年2月　撮影：安田就視

福島市と伊達市を隔てる摺上川を渡った先で、東北新幹線の高架橋が東北本線を跨いでいる。在来線を走るのは寝台用電車から改造された715系で今まで見掛けなかった電車だ。鉄道を取り巻く環境は日々移り変われど、うららかな春は沿線に毎年訪れる。◎東福島～伊達　1986（昭和61）年5月　撮影：安田就視

気持ちの良い青空の下。緑が芽吹き始めた築堤の向うには、冠雪の安達太良山系がそびえる。東北本線杉田〜本宮間を行く列車は阿武隈急行の8100系。2004（平成16）年3月まで、福島〜郡山間へ乗り入れていた。◎1992（平成4）年4月26日　撮影：安田就視

福島市太田町近くの上空から、東北本線、奥羽本線と東北新幹線の福島駅（写真中央）西口の周辺を空撮。手前は昭栄製糸福島工場（現・イトーヨーカドー）、駅東口に福島の老舗百貨店「中合百貨店」（明治7年開業）が見える。◎1981（昭和56）年7月16日　提供：朝日新聞社

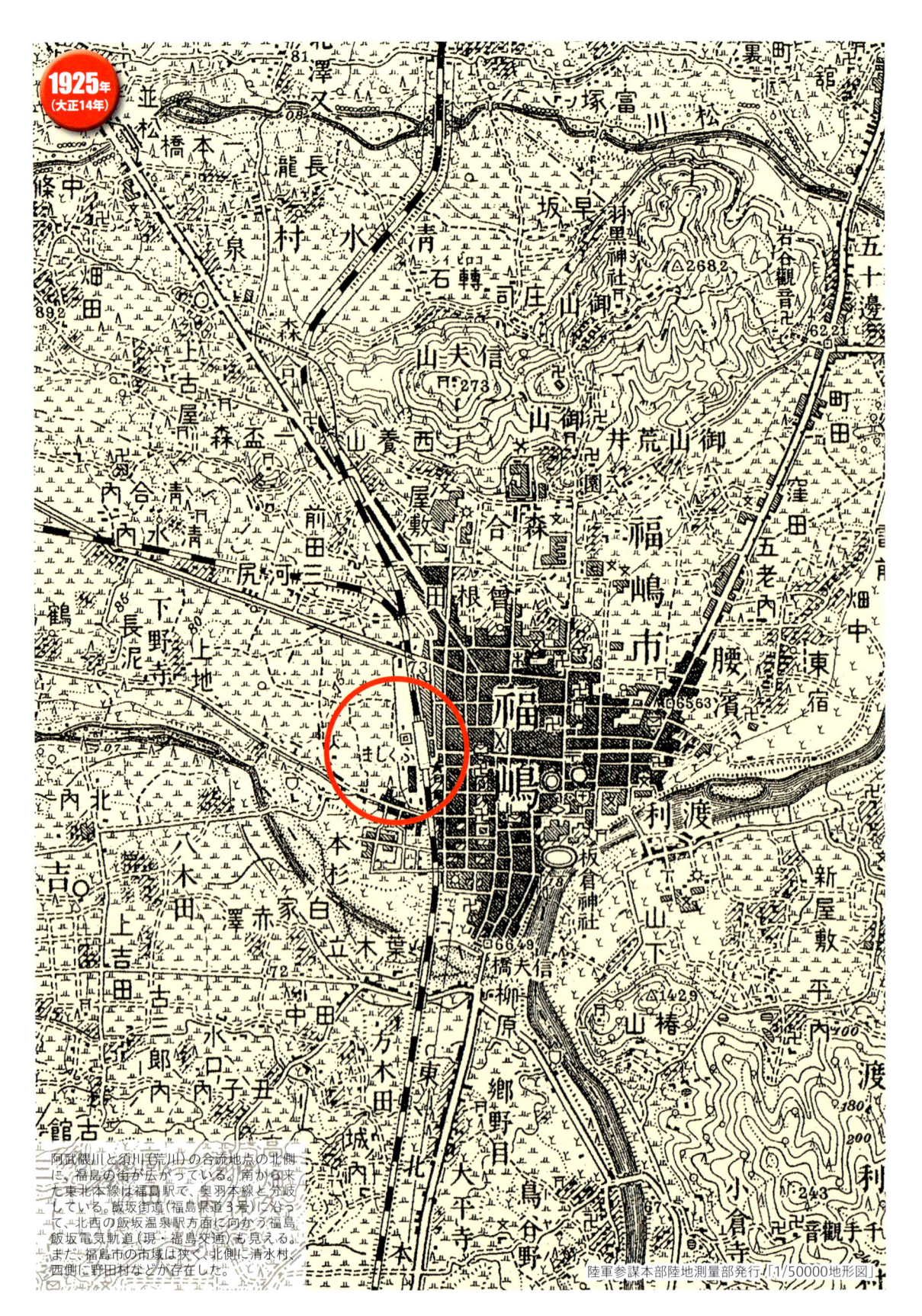

陸軍参謀本部陸地測量部発行「1/50000地形図」

阿武隈川と須川（荒川）の合流地点の北側に、福島の街が広がっている。南から来た東北本線は福島駅で、奥羽本線と分岐している。飯坂街道（福島県道3号）に沿って、北西の飯坂温泉駅方面に向かう福島飯坂電気軌道（現・福島交通）も見える。まだ、福島市の市域は狭く、北側に清水村、西側に野田村などが存在した。

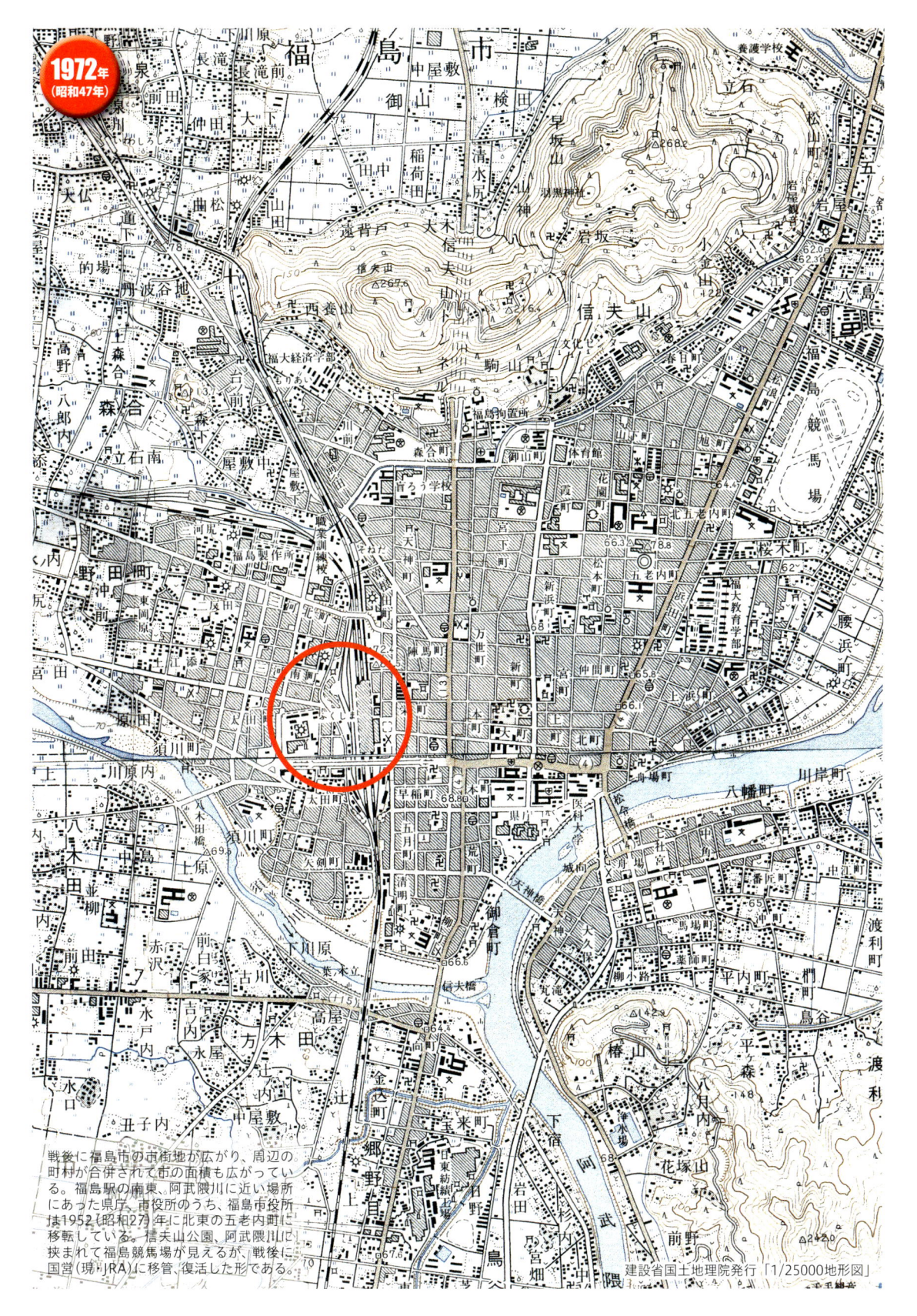

戦後に福島市の市街地が広がり、周辺の町村が合併されて市の面積も広がっている。福島駅の南東、阿武隈川に近い場所にあった県庁、市役所のうち、福島市役所は1952（昭和27）年に北東の五老内町に移転している。信夫山公園、阿武隈川に挟まれて福島競馬場が見えるが、戦後に国営（現・JRA）に移管、復活した形である。

建設省国土地理院発行「1/25000地形図」

線路際でススキが穂を輝かせる松川〜安達間を行く急行。昭和50年代末期の郡山〜福島は、郡山〜仙台間の「まつしま」を筆頭に、上野から盛岡まで足を延ばす「いわて」等、電車急行の通り道となっていた。1時間に数本が行き交う特急の影に隠れた存在であった。◎1984（昭和59）年9月27日　撮影：安田就視

福島市と摺川を隔てて隣接する伊達市内の駅伊達。開業時には旧所在地の村名から駅名を長岡としていた。しかし、信越本線の長岡駅と混同されるのを避けるべく、1914（大正3）年に当時の郡名をとって伊達と改称した。重厚な造りの日本家屋を彷彿とさせる駅舎は、1939（昭和14）年に竣工した。◎1992（平成4）年1月　撮影：安田就視

東北地方を縦断する東北本線と奥羽本線が出会う福島駅。新幹線駅開業直前の構内には、木造の詰所や荷物を移動するテルハが見え、在来幹線の拠点という風情を色濃く残す。木造の構造物が目立つホーム周辺は、背景にそびえる真新しい新幹線駅とは別世界の様相を呈している。
◎1982（昭和57）年6月18日　撮影：安田就視

福島駅の東口駅舎。1962（昭和37）年の竣工で、横長なコンクリート造2階建ての施設は地方都市の拠点駅等でよく見ることができた。東北新幹線のホームは西口側に設置されたため、開業を間近に控えても駅前の佇まいに大きな変化はなかった。東口から新幹線乗り場へは在来線の改札口を通る。◎1982（昭和57）年6月18日　撮影：安田就視

リンゴ園に囲まれた東福島〜伊達間を行く貨物列車。ED75が重連で牽引する。後ろに続くのはワム80000を始めとした2軸貨車だ。この先、石母田峠の麓を走る藤田〜貝田間等の急勾配区間に備えて、貨物列車は牽引機が重連となるものが多かった。◎1986（昭和61）年5月　撮影：安田就視

東北新幹線が頭上を跨ぐ東福島〜伊達間を行く715系1000番台車の普通列車。昭和60年代に入り、地方都市近郊の列車を現況よりも高頻度で運転する案が立てられた。計画を実施するには車両を補充する必要があり、寝台特急の減少で余剰が発生していた583系を普通列車用に改造した715が仙台地区へ投入された。◎1986（昭和61）年5月　撮影：安田就視

馬頭山から阿武隈川がつくり出した段丘へと続くなだらかな斜面では、一帯に桃やリンゴを始めとした果樹園が多く見られる。例年ゴールデンウイークを迎える頃、木々は一斉に花を咲かせる。桑折〜藤田間では桃の花が満開を迎えていた。枝を揺らして通過する列車は719系。仙台の先小牛田まで足を延ばす。◎1999（平成11）年4月20日　撮影：安田就視

福島盆地の北西部に位置する桑折町。半田山の麓を南北に延びる東北本線尾沿線は、降雪は少ないものの寒さは厳しい。未だ日が差さない線路近くに耕作された畑の一画は、霜で被われていた。寒気の中を福島行きの701系が走る。凍り付いた架線をなぞる集電装置のスライダーは、バチバチと音を立てていた。◎桑折〜藤田　1998（平成10）年12月　撮影：安田就視

東北地域色に塗られた417系が、春色の越河〜貝田間を身軽な3両編成で駆けて行った。本車両は交直流両用電車だったが、仙台運転所に配置されて以来、一関〜仙台〜福島〜黒磯間で運用され、直流区間に出ることはなかった。◎1999（平成11）年4月20日　撮影：安田就視

小学校の体育館が見える白石〜越河付近を行く普通列車は715系。寝台特急用の583系を改造した車両で、1985（昭和60）年に仙台地区へ投入された。客室扉の半自動化や、隙間風が吹き込むと思われる部分へ防風板を設置する等、寒冷地での使用を考慮した改造が行われた。◎1986（昭和61）年9月　撮影：安田就視

モモ、リンゴの花が沿線を彩る越河〜貝田間を行く719系の普通列車。民営化後に旧国鉄型の急行型、近郊型電車を置き換えるために製造された。平成の世に入ると、昭和30〜40年代に登場した車両が世代交代期に差し掛かっていた。◎1999（平成11）年4月20日　撮影：安田就視

宮城県の南端部に位置する白石市の玄関駅である東北本線白石。東北新幹線の開業で当駅に停車する特急は姿を消した。代わって東へ1キロメートルほど離れた場所に東北新幹線白石蔵王が開業。「やまびこ」の停車駅だが、当駅を通過する列車もある。◎1982（昭和57）年5月30日　撮影：安田就視

仙台口で普通列車に使用されていた旧型客車は、昭和50年代後半に入ると新製の50系客車に置き換えられていった。旧国鉄時代は依然として長編成の列車が良く見られた。民営化に前後して電車化が進み、レッドトレインの天下は長続きしなかった。◎北白川〜東白石　1984（昭和59）年9月28日　撮影：安田就視

上野〜仙台間を結んでいた急行は、「まつしま」「あづま」が東北新幹線の開業後も存続していた。1984（昭和59）年には編成両数が12両から9両へ減らされたが、グリーン車も1両連結されていた。1985（昭和60）年の新幹線上野延伸開業に伴い全便が廃止された。◎東白石〜北白川　1984（昭和59）年9月28日　撮影：安田就視

船岡〜大河原間では桜並木の下が遊歩道になっている。散策する道すがら時折、東側を並行する東北本線を列車が駆けて行く。当地での普通列車は日中、1時間に2往復程度の運転だ。その合間を縫って、長大編成の貨物列車も姿を見せる。◎1993（平成5）年4月19日　撮影：安田就視

満開を迎えた桜の下を福島行きの普通列車が走り抜けて行った。6両編成は電車化を機に短編成化が進められた、仙台周辺の普通列車では長い部類に入ろうか。719系は旧国鉄の民営化後に投入された。集団見合い型の座席配列を備えるセミクロスシート車だ。◎大河原〜船岡　1993（平成5）年4月19日　撮影：安田就視

船岡〜大河原間を行くジョイフルトレイン「グラシア」。小規模な団体客等に対応する車両としてキハ58、キハ28の3両を郡山工場で欧風車両に改造し1989（平成元）年に登場した。愛称名は一般公募された。「グラシア」はスペイン語で「優美」「魅力」を表す。◎2002（平成14）年4月6日　撮影：安田就視

白石川の河川敷に沿って桜並木が続く。その背景には、冠雪の蔵王連峰がゆったりとした稜線を広げている。7世紀頃より修行の場として知られる蔵王は、宮城山形の県境付近に位置する。「蔵王山」とは南北に連なる連峰の総称で、特定の峰にその名前は付けられていない。◎大河原〜船岡　1993（平成5）年4月19日　撮影：安田就視

南東北の旧街道が集まり、白石川を利用した水運の拠点となっていた船岡には、13世紀頃より山城が建てられた。建物は現在、かたちを留めていないが、船岡駅舎は城郭を模した姿をしている。屋根には金色に塗られたシャチホコが飾られている。◎1992（平成4）年11月　撮影：安田就視

常磐線の終点で東北本線と合流する岩沼。鉄筋コンクリート造2階建ての駅舎は1980（昭和55）年に竣工した。当駅は17世紀に仙台藩の支藩であった岩沼藩藩主、田村氏の居城址に建てられた。日本鉄道が約125キロメートルにおよぶ郡山～仙台間を開業したのは1887（明治20）年だった。◎1982（昭和57）年5月30日　撮影：安田就視

東北本線（福島〜盛岡間）時刻表（昭和39年2月）

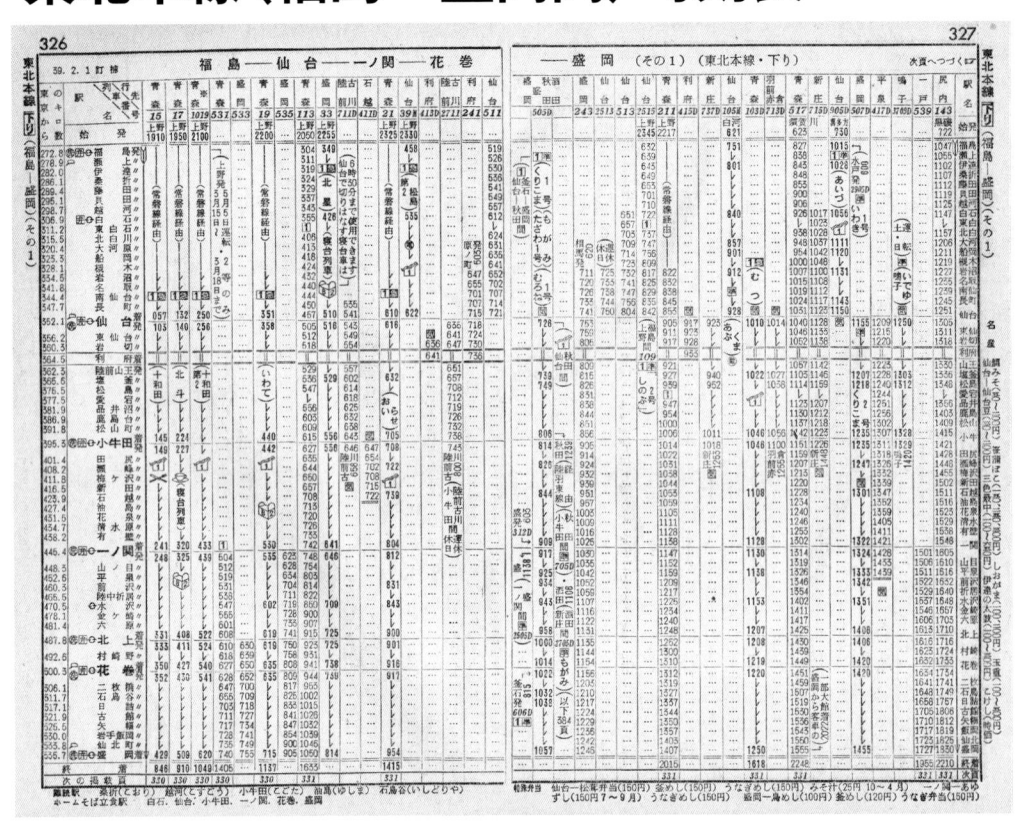

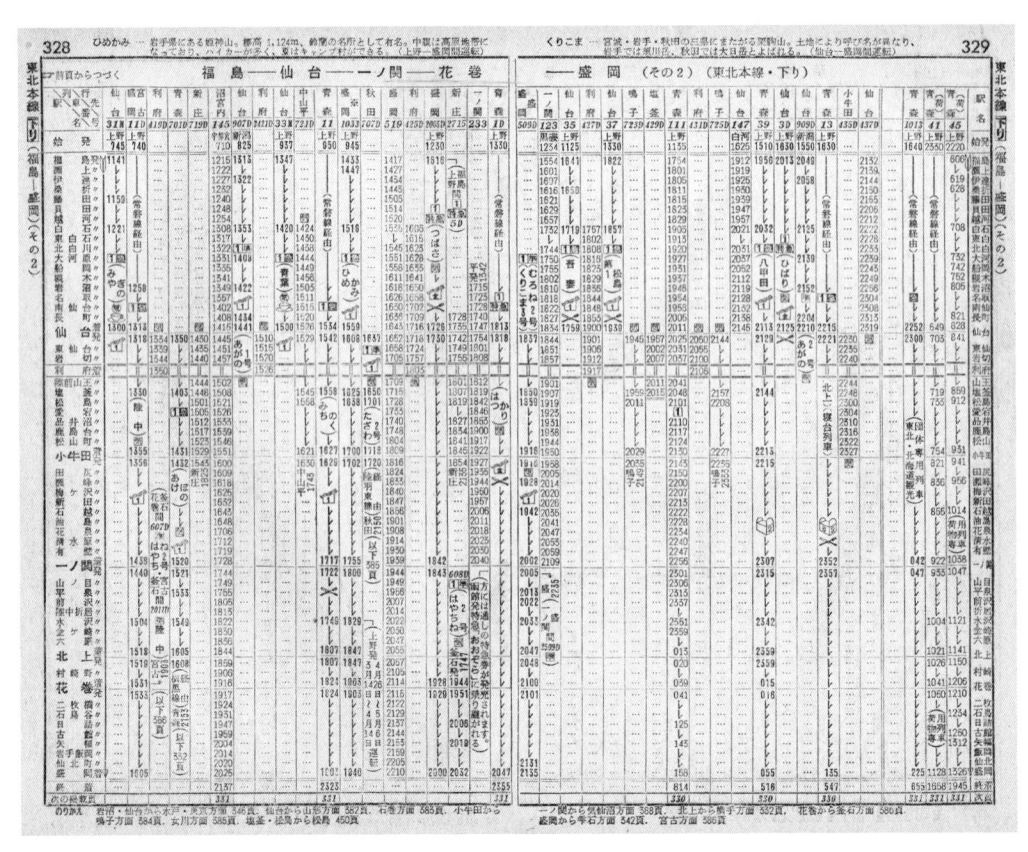

3章
仙台駅～盛岡駅

在来線の列車が発着する仙台の地平ホームに停車するのは、旧型客車で編成された普通列車の先頭に立つED75。1000番台車は20系客車による寝台特急、高速貨物列車の牽引に対応すべく、高速運転に適した性能を備える。◎撮影：安田就視

仙台駅〜盛岡駅

奥州街道と離れ、鉄路は絶景を仰ぐ松島へ

　仙台では日本一豊富な種類の駅弁が販売されている。名物の牛タン弁当を筆頭に、地域の特産品を食材に用い、趣向を凝らした弁当が店頭に並ぶ。首都圏や東北各都市の出張族が集まる街だけに駅弁の需要は兼ねてより高く、それが新商品の開発競争に拍車をかけたようだ。新幹線のホームはもとより、改札内外の自由通路にも多くの店舗が見られる。

　仙台市は総人口百万人を超える東北地方最大の市だ。駅の周辺には大小のビルが建ち並ぶ。仙台からは東北新幹線、東北本線をはじめ、JR路線の仙石線や仙山線。仙台市地下鉄南北線、東西線の列車が発着する。文字通り地域鉄道の中心的存在である。駅を出た列車はすぐに広瀬通、仙塩街道を潜る。仙山線が東北本線を跨いで北方へ離れて行くと、大きな検修車庫を備えた仙台車両センターが見える。

　広い構内を横切ると、右手から仙台貨物ターミナルへ続く線路が近付き、東仙台で合流する。国道4号仙台バイパスを潜った辺りで、仙台から並行して来た東北新幹線が離れて行った。七北田川を渡った先が岩切。新幹線と共に北へ延びる線路は利府へ続く支線だ。本線は進路を東へ取り、多賀城廃寺跡等の旧跡が残る国府多賀城を経て、松島湾の沿岸部へ向かう。

　港町塩釜に置かれた東北本線の駅は、同じく仙台から延びる仙石線よりも山手にある。仙石線と絡む松島までの区間では、僅かに車窓から海が眺められる。松島の手前に仙石線との連絡線が設けられている。仙台の地上ホームを発車したHB-E210系気動車で運転される列車は、ここを通って仙石線へ入り石巻、女川へ向かう。

世界遺産が点在する平泉を通る

　松島からは海岸部と離れ、高城川の西岸に沿って北上する。丘陵地を抜け、大きく区画整理された水田が広がると鹿島台。鳴瀬川を渡り、市街地を通って石巻線と陸羽東線が分岐する小牛田に着く。石巻線の前谷地を起点とする気仙沼線の列車も、一部が当駅より発着している。駅の現所在地である美里町は、2006年に遠田郡の小牛田町と南郷町が合併して発足。しかしJR駅の名称には「小牛田」が引き続き使われている。三路線が交わる鉄道の街であり、か

つては機関区が置かれて昭和40年代後半まで蒸気機関車の煙が絶えなかった。

　小牛田を出て江合川を渡り、大崎平野から丘陵部へと足を進める。貴重な野鳥の生息地として知られる伊豆沼、長沼の間を通って迫川（はさまがわ）を渡ると、2007年に廃止されたくりはら田園鉄道の起点駅であった石越に着く。石越〜油島間を流れる夏川が、東北本線では宮城岩手の県境になる。また同駅間にJR東日本仙台支社と盛岡支社の境界がある。

　岩手県内に入って花泉町内の丘陵地を通る。有壁付近で再び宮城県に入り、東北新幹線がトンネルの間で顔を覗かせた先で在来線もトンネルへ入る。トンネルの中に宮城岩手の県境があり、車窓が明るくなると岩手県内で最初に訪れる市の鉄道玄関口駅となる一ノ関に到着する。当駅には新幹線の駅が置かれている。また気仙沼、陸前高田を経由して大船渡市内の盛へ向かう大船渡線の起点でもある。東北本線が非電化路線であった時代には機関区が置かれ、日本最大の貨物用蒸気機関車であったD52へ軸重軽減改造を施したD62が配置されていた。

　一ノ関から東北本線は新幹線と離れ、北上川の西岸を北西方向へ進む。途中の平泉は奥州藤原氏ゆかりの寺社、遺跡を訪れる際の最寄り駅。中尊寺、毛越寺（もうつうじ）等がユネスコの世界遺産に登録されて以来、当地を訪れる観光客は急増した。しかし一ノ関から出る観光バスが人気で、平泉駅を利用する客数は微増に留まっているといわれる。

北上川に誘われ、岩手山を望む県都盛岡へ

　ブランド牛で知られる前沢、奥州市発足後も地域行政の中心的役割を維持する水沢を経て、東北自動車道のインターチェンジ付近に工業団地が広がる六原へ。右手に北上操車場の跡地を望む辺りで、東北新幹線が北上川を渡って近づいてくる。奥羽山地から流れ出る和賀川が北上川に注ぐ合流部付近を渡り、北上の市街地へ入る。北上は明治時代に黒沢尻駅の名で開業し、1954（昭和29）年に現駅名へ改称した。駅構内の東側に新幹線の高架駅がある。当駅を起点とする北上線の列車は、駅舎寄りの0番・1番ホームに発着する。北上線は山間部を横断して秋田県下の横手を結ぶ。

　線路に沿って家並みが続く中を列車は走る。北工業団地の中を通り抜けた先で、にわかに田園風景が

広がった。国道4号の東花巻バイパスを潜り、河川敷の緑地が美しい豊沢川を渡って花巻市へ入る。著名な温泉地である花巻温泉郷とは8キロメートルほど離れており、当駅より路線バスを利用して向かうことができる。旧国鉄時代には駅前と温泉郷を結ぶ鉄道路線として花巻電鉄が1972（昭和47）年まで営業していた。また同社は花巻温泉郷の鉛温泉へも、市内から路線を延ばしていた。JR路線では釜石線が花巻を起点としている。春から秋の土休日を中心に運転される「SL銀河」は当駅始発の臨時列車だ。

国道4号を隔てた線路の東側にいわて花巻空港の滑走路が続く。北上川へ注ぐ滝沢川、耳取川、葛丸川を次々と渡り、石鳥谷付近では水田の中を低い築堤で直線的に通り抜けた。紫波中央付近から東北新幹線の高架橋が東側に並行する。盛岡市内に入り、岩手飯詰付近から沿線風景は田園から街並へと徐々に装いを変える。新幹線が在来線を跨ぎ、北上川と雫石川の合流部を渡ると、列車は盛岡の地平ホームで轍を停める。

早朝に青森駅を出発した昼行急行「みちのく」は、仙台駅で後部に増結。1等車2両を含む13両編成となって常磐線経由で上野駅に向かう。◎仙台 1963（昭和38）年8月 撮影：小川峯生

仙台駅は1948（昭和23）年5月に写真の四代目駅舎が完成。正面入口付近に大時計が設置された。1972（昭和47）年1月に五代目駅舎（仮駅舎）が完成し、1977（昭和52）年12月に現在の六代目駅舎が完成して使用されている。◎1961（昭和36）年2月　撮影：荻原二郎

写真の仙台駅構内にあるのは1950（昭和25）年に建てられた木造2階建て駅舎で1972（昭和47）年まで使用されていた。©1964（昭和39）年12月3日　提供：朝日新聞社

仙台市の市街地で大きくカーブする東北本線は、仙台駅の北東で仙山線が分岐することとなる。この付近（小田原）には、東北で初めて本格的なビール製造を行った東洋醸造（キリンビール）の工場が存在した。また、駅に隣接する形で仙台鉄道管理局が置かれ、南西に東北帝国大学、東側に製糸会社が存在している。

陸軍参謀本部陸地測量部発行「1/25000地形図」

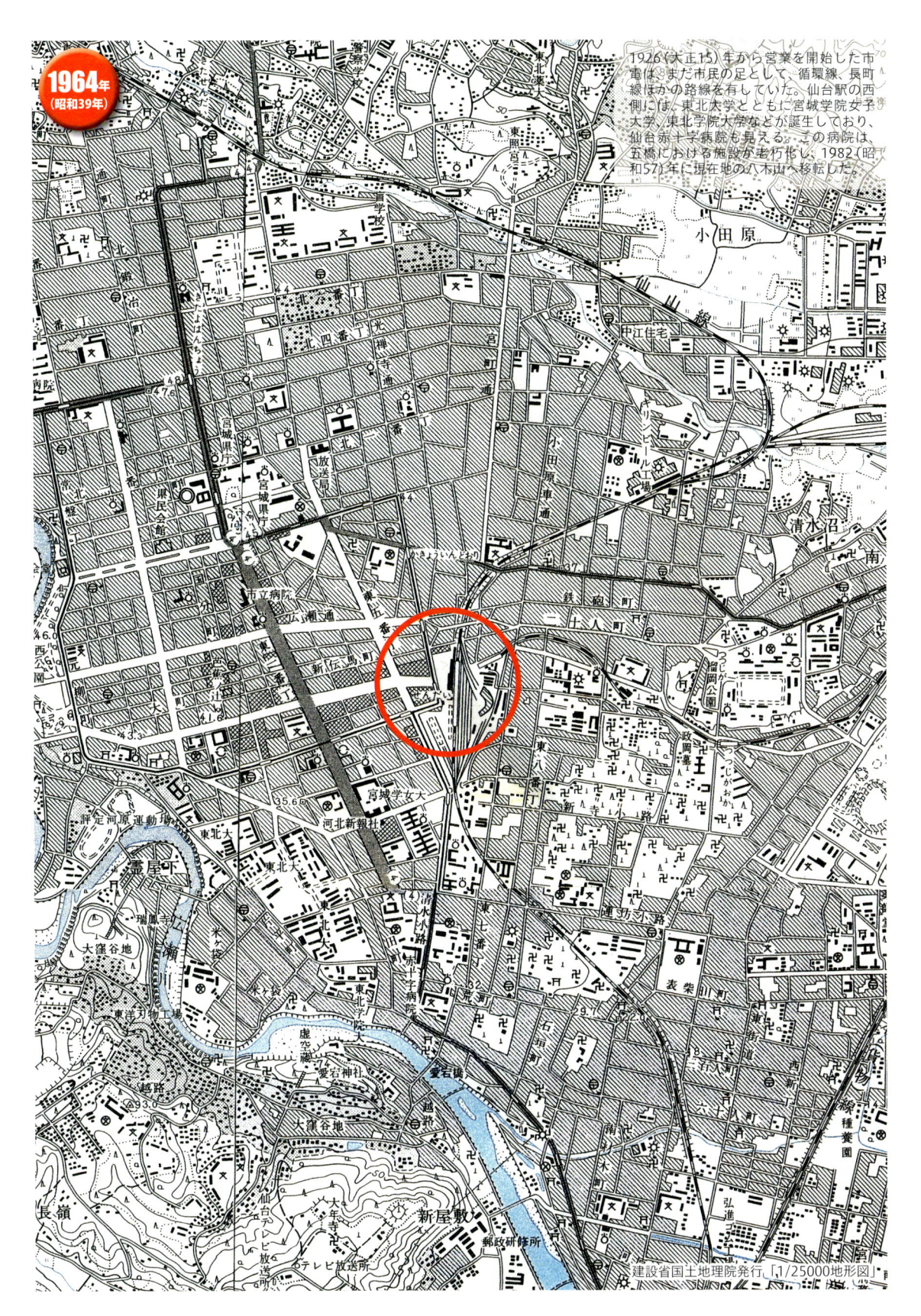

1926（大正15）年から営業を開始した市電は、まだ市民の足として、循環線、長町線ほかの路線を有していた。仙台駅の西側には、東北大学とともに宮城学院女子大学、東北学院大学などが誕生しており、仙台赤十字病院も見える。この病院は、五橋における施設が老朽化し、1982（昭和57）年に現在地の八木山へ移転した。

1964年（昭和39年）

建設省国土地理院発行「1/25000地形図」

92

東北新幹線のルートが決まり、停車駅となる仙台駅。停車
駅選定を巡っては、仙台駅の他に宮城野駅、長町駅が候補
に挙がっていた。東北新幹線は1982（昭和57）年に開業
した。◎1971（昭和46）年10月10日　提供：朝日新聞社

1977（昭和52）年に竣工した仙台駅舎は6代目に当たる。構内の西側に建ち、ガラス壁越しに停車する東北新幹線の姿が見える。壁面は明るい茶色に塗られ、杜の都の玄関口に相応しい落ち着いた雰囲気だ。駅前には近隣の建物と繋がる大規模なペデストリアンデッキを備える。◎撮影：安田就視

利府の留置線は待機車両の他、優等列車の出入りが落ち着き始めると、余剰となり廃車前提の休車を掛けられた車両等が留め置かれる場所になった。画面右手の485系はヘッドサインを外された寂しげな姿。先頭は「ひばり」の運用を降りたクロ481だ。◎1979（昭和54）年12月19日　撮影：安田就視

岩沼〜東仙台間を行く普通電車。小牛田行きの列車は仙台を経て宮城県内を縦断する。仙台市近郊の沿線は昭和40年代頃より宅地化が進められてきた。遠望される山の上まで住宅が建て込んでいる様子だが、世が平成に入ってからも線路際には僅かばかりの畑地が残っていた。◎1998（平成10）年12月　撮影：安田就視

岩切から分岐する東北本線の支線は、利府線と呼ばれる4.2キロメートルの盲腸線である。東北本線の優等列車が隆盛を極めていた昭和40年代。仙台周辺の車両を留置する施設として、終点駅利府の構内に側線が増設された。485系が次の仕業を待って佇む。◎1973（昭和48）年9月30日　撮影：安田就視

普通電車が塩釜〜陸前山王間を行く。現在は2001年に開業した国府多賀城が同区間にある。715系は寝台用電車の583系から改造された車両。
先頭のクハ715の100番台車は中間車から改造され、制御車としては個性的な姿となっていた。◎1986（昭和61）年5月　撮影：安田就視

東北本線の切符

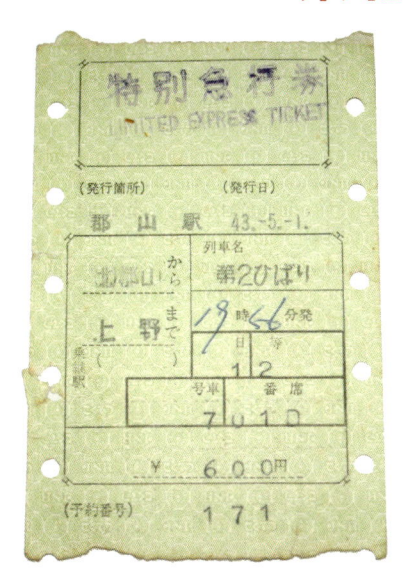

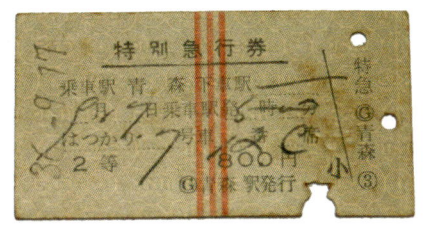

1961（昭和36）年に青森駅で発行された特急券。はつかりは当時、1日1往復の運転で常磐線を経由していた。2等は現在の普通車を指す。上野〜青森間の所要時間は10時間45分で、上り列車は始発駅青森を早朝の5時に発車していた。

1968（昭和43）年に郡山駅で発行された特急「ひばり」の特急券。予約番号が記載されており、乗車当日前に購入されたものだろう。乗車日は手書きで記入されている。発駅である郡山の前には東北本線を表す（北）の記載がある。関西本線の大和郡山と区別するための表記だ。

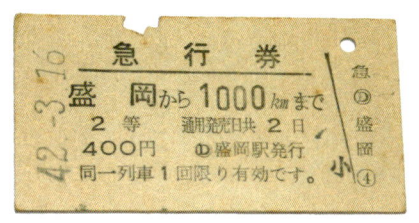

1967（昭和42）年当時の急行券。盛岡から1000キロメートルまでの乗車区間で料金は400円だった。東北本線の上り列車を利用すると上野を過ぎて、さらに450キロメートルほどの遠隔地へ向かう列車に有効であったこととなる。在来線利用の長距離移動が当たり前だった時代の距離設定だ。

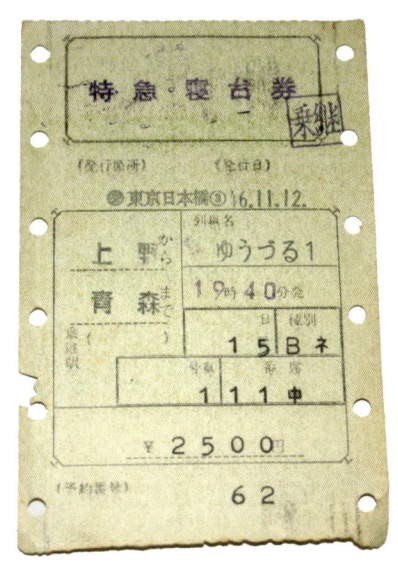

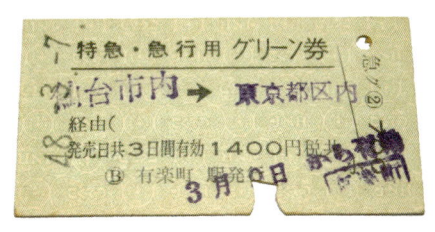

1973（昭和48）年に有楽町駅で発行された仙台市内、東京都区内とゴム印が押された硬券のグリーン券。料金は特急と急行で共通だ。1400円は200キロメートルまでの利用料金。当時の国鉄は財政が逼迫する中で運賃等の値上げを繰り返し、1980（昭和55）年になるとグリーン料金は倍の額となった。

1971（昭和46）年に発行された上野〜青森間の特急寝台券。「ゆうづる1号」は上野を19時40分に発車。常磐線、東北本線経由で青森に向かう寝台特急で先陣を切って都内を出発して行った。青森行きの急行では、「八甲田」が「ゆうづる1号」よりも30分ほど早く上野を発車していた。

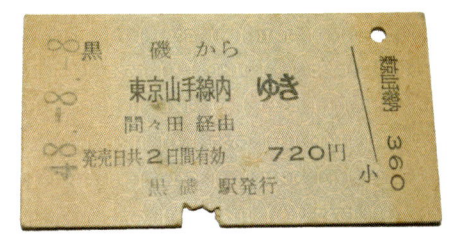

黒磯から都内へ向かう硬券乗車券。書面には都内まで東北本線に乗車することを意味する間々田経由の但し書きがある。黒磯から見て間々田の一つ手前の駅である小山からは水戸線、両毛線が分岐しており、両線のいずれかを経由して常磐線、高崎線に乗り換えて都内を目指す経路が考えられる。

1967（昭和42）年に盛岡駅で発行された急行「きたかみ」の座席指定席券。乗車駅と料金が印刷された硬券に、列車名や乗車月日、指定された席等の必要事項が手書きされている。硬券の普通乗車券よりも横長の寸法で別種類の切符と見分け易い。

明治期に日本鉄道が現在の東北本線を建設した際、松島周辺では、利府より内陸部を通る経路が採用された。昭和期に塩釜を経由する海線が開業。1962（昭和37）年に旧線の利府〜松島が廃止され、それまで新松島を名乗っていた海線の駅が松島と改称した。◎1982（昭和57）年6月　撮影：安田就視

沿線に大小の貯水池が点在する、松島町の内陸部は豊かな稲作地帯。東北本線は高い築堤で大きく区画整理された水田の間を横切る。2両編成の普通列車が、冬枯れの山野に警笛を響かせながら通過して行った。◎品井沼〜愛宕　1992（平成4）年12月　撮影：安田就視

栗原電鉄（廃止時・くりはら田園鉄道）が隣接していた石越。壁面の一部に板が貼られていた旧駅舎は2011（平成23）年まで使用された。写真は1982（昭和57）年に撮影されたが、駅前を歩く男性が履くパンツは、昭和40年代に流行したパンタロンだ。時間が止まったような光景にも見える。
◎1982（昭和57）年5月27日　撮影：安田就視

駅の灯りが消えなかった時代

　夜行列車が数多く運転されていた時代、東北本線では終日営業の主要駅がいくつもあった。東北新幹線の開業直前の1982（昭和57）年5月当時、未明に「出羽」「いわて」「新星」等の急行が発着していた郡山、福島では、改札口は列車の到着時間が迫る度に開閉するものの、一旦構内へ入れば改札外へ出るように促されることはなかった。ホーム上の待合室は常時解放されており、冬季にはストーブが一日中、赤々と焚かれていた。また磐越東線の始発列車となる気動車は、早朝の運転に備えてホーム上で一晩中、暖機運転を続けていた。客室扉は手で開閉でき、車内で暖を取ることができた。

　但し、東北地方で特出した大都市である仙台では、防犯対策として深夜帯の数時間に限って構内を閉鎖していた。

　寝台特急をはじめとする夜行列車がほとんど姿を消した現在、有人駅の多くは最終列車の発車後に閉鎖される。歓楽街で心地よく酔った後、人気のないホームでぼんやりと始発列車を待つことは難しくなった。

エビ茶色の屋根が目を惹く小学校の校舎を見て品井沼付近を行く715系の普通列車。寝台特急で活躍した583系が普通列車用に改造されて、長距離輸送の主力から旧型客車に代わって地域輸送を支える役回りに転身した。◎品井沼～愛宕　1992（平成4）年12月　撮影：安田就視

新幹線の車両基地が開設された後も、利府線の沿線には水田が広がる長閑な眺めが続いている。当支線の起点終点間に長らく駅はなかったが、新幹線基地で働く職員に対して通勤の便を図るべく、熊切から2.5キロメートル先に新利府が新幹線の開業に先駆けて開設された。◎1986（昭和61）年９月　撮影：安田就視

旧水沢市の鉄道玄関口である水沢駅。現在の所在地は奥州市水沢となる。奥州市は2006（平成18）年に水沢市、江刺市と胆沢郡内の前沢町、胆沢町、衣川村が新設合併してできた若い市だ。旧水沢市は従来から地域の中心であり、駅の近くに市役所がある。◎1982（昭和57）年6月18日　撮影：安田就視

北上線が分岐する北上駅。秋田新幹線の建設工事で田沢湖線が全面運休となった期間には、代替列車として運転された北上〜秋田間を北上線、奥羽本線経由で結ぶ特急「秋田リレー号」で、東北新幹線との接続駅となった。◎1982（昭和57）年6月18日　撮影：安田就視

11〜12世紀にかけて、東北地方に勢力を誇った奥州藤原氏の本拠地であった平泉。中尊寺等の歴史遺産が最寄りにある平泉駅前には寺院の屋根を模した看板が建つ。東北新幹線の開業までは、東北本線に数多く運転されていた急行の停車駅だった。◎1982年6月18日　撮影：安田就視

岩手、宮城県境の市である一ノ関。東北新幹線の開業を間近に控え、在来線駅舎には開業を伝える看板類が目立つ。当駅は金色堂等で著名な中尊寺へ向かう新幹線の最寄り駅であり、屋上には平泉の名刹を宣伝する緑色地の大きな看板が建っている。◎1982（昭和57）年6月18日　撮影：安田就視

例年、市内で8月に開催されるみちのく・芸能まつりの様子を描いた壁画が改札口上を飾る北上駅。東北新幹線開業前の撮影で、列車案内板からは1時間内に特急、急行が運転されている様子を見て取れる。それぞれの列車名は異なり、在来線華やかりし時代を窺わせている。◎1982（昭和57）年6月18日　撮影：安田就視

花泉町（現・一ノ関市）は丘陵地に囲まれた盆地形状の地域である。東北本線の沿線では稲作が盛んだ。普通列車が走る低い築堤の向う側に、穀物の貯蔵施設であるカントリーエレベーターが建つ。施設にはご当地米の名前が書かれ、広告塔の役割を果たしている。◎清水原～花泉 1998（平成10）年12月　撮影：安田就視

油島～花泉間を行く急行「もりおか」。上野～盛岡間を結び、常磐線経由で運転されていた。1982（昭和57）年当時の運転時刻で、上野を朝8時に出発した1号は盛岡に16時10分に到着。所要時間は特急「やまびこ」よりも1時間ほど多く掛かった。◎1982（昭和57）年5月28日　撮影：安田就視

稲穂が黄金色になり始めた清水原付近を行く特急「やまびこ」。先頭車はボンネット形のクハ481だ。東北本線の盛岡電化開業に合わせて投入された483系に属する。ボンネット部には「ひげ」と呼ばれる眉毛のような赤い装飾がある。◎1972（昭和47）年8月24日　撮影：安田就視

踏切の警報器が高らかに鳴って、早苗がそよぐ花泉〜湯島間に顔を出したのは485系の特急「やまびこ」。約1か月後には新幹線へ列車名を引き渡す運命を背負っていた末期の姿だ。定期列車4往復を運転していた。◎1982（昭和57）年5月28日　撮影：安田就視

霞の中に岩手山がそびえる渋民〜好摩間を行く寝台特急「ゆうづる」。長大な24系客車の編成を、全長14メートル級と小振りなED75が牽引する。岩手県内で迎えた朝。終点の青森まではまだ200キロメートル近い距離がある。◎1984（昭和59）10月24日　撮影：安田就視

花輪線の列車は盛岡を始発終点とするものが多い。東北本線盛岡～好摩間20キロメートル余りの区間では、電車や電気機関車牽引の列車に混じって、気動車の姿を見ることができる。通勤通学時間帯に掛かる朝の列車は地方路線といえども5両編成で運転。◎渋民～好摩　1984（昭和59）年10月24日　撮影：安田就視

盛岡駅に停車するキハ58の急行とキハ52。東北本線は1968（昭和43）年に全線電化が達成されたが、盛岡周辺の地方路線である花輪線や山田線等は、今日まで非電化のまま残されている。そのため、構内には支線からの気動車列車が多数乗り入れて来る。
◎1982（昭和57）年6月　撮影：安田就視

古館〜日詰間を行く急行「はやちね」。盛岡〜釜石間を東北本線、釜石線経由で結んでいた。キハ58と28を主体とした編成の中程に、2機関搭載車のキハ52を2両挟んでいる。車両は全て非冷房の仕様。画面左手奥には冠雪した岩手山が見える。◎1984（昭和59）年10月　撮影：安田就視

古館〜日詰間で新幹線と並行する区間を行く快速。急行型電車が本来の交流急行電車塗装のままで使用されている。東北新幹線の盛岡開業に合わせて、在来線では多くの優等列車が廃止された。急行用車両は普通列車等に活路を見い出した。◎1984（昭和59）年10月　撮影：安田就視

レンゲ畑が華やかに春の到来を謳う油島〜花泉間を行く701系の普通列車。仙台地区用の塗装を纏う2両編成だ。普通列車の電車化が推進され
た旧国鉄末期から民営化以降、編成は短縮化されて、日中では短編成のものが珍しくなくなった。◎2003（平成15）年5月14日　撮影：安田就視

西方の山に雨雲が立ち込める晩秋の平泉
〜前沢付近。間もなく沿線も時雨始める
のだろうか。陽光が差し込む築堤を、ク
リーム色のホッパ車を連ねた貨物列車が
ゆっくりと進んで行った。編成の両端部
に車掌車を連結した姿が旧国鉄時代らし
い。◎1978（昭和53）年11月11日　撮影：
安田就視

北上川流域の前沢〜平泉間は豊かな穀倉地帯だ。収穫期を迎えた秋。刈り入れが済んだ水田には丸太が立てられ、稲穂のはざ掛けが行われている。1本の木に穂を積んで乾かす様子は東北の中南部でよく見られた。黄色い風景の中を赤い電気機関車が牽引する貨物列車が横切った。
◎1984（昭和59）年10月　撮影：安田就視

大船渡線が分岐する一関には明治期に山線経由で岩切〜当駅間が開業した折に、一ノ関機関庫（後の一ノ関機関区）が開設された。昭和30年代には超大型機関車のD62が集中配置された。他に大船渡線用のC58、構内入替用の8620等が所属していた。◎1965（昭和40）年　撮影：柳川知章

日本最大の貨物用蒸気機関車D52に従台車の振り替え等の改造を施して誕生したD62。東海道山陽本線で余剰になると、軸重軽減改造を施工されて東北本線の一関機関区へ転属した。長町〜盛岡間で盛岡電化開業まで貨物列車を牽引した。◎1965（昭和40）年　撮影：柳川知章

「はくつる」のヘッドマークを掲げて盛岡機関区に佇むC60 19号機。東京オリンピックが開催された1964年より運転を始めた寝台特急「はくつる」を牽引して、盛岡〜青森間を走行していた時代だ。特徴的な煙突周りの除煙板は、盛岡機関区独自の仕様だ。◎1965（昭和40）年　撮影：柳川知章

盛岡機関区で煙を燻らすのは、ハドソン型の車軸配置を持つC60とC61。C61は特急「ゆうづる」のヘッドマークを掲げて未明の特急仕業に備える。既に仙台〜盛岡間は電化され、盛岡以北の運用も時の新鋭機DD51に明け渡そうとしていた。◎1965（昭和40）年　撮影：柳川知章

東北本線（盛岡〜青森間）、磐越西線時刻表

東北本線（下り）（盛岡―青森）青函連絡船・大湊線・大畑線

39.2.1 訂補　盛　岡――尻　内――　浅　虫　青　森（東北本線・下り）　（連絡船寝台料金 542頁参照）

野辺地・大湊・大畑（大湊線・大畑線・下り）400台

大畑・大湊・野辺地（大畑線・大湊線・上り）400台

磐越西線・弥彦線

磐越西線 … 新津―新潟間　本表の他　信越本線 358〜362頁参照

59.10.1改正　郡　山――会津若松――新　潟（会津若松―新潟間 ②）（磐越西線・下り）

4章 盛岡駅〜青森駅

青森駅ホームに停車する特急「はくつる」。◎1988（昭和63）年2月24日　所蔵：フォト・パブリッシング

盛岡駅〜青森駅

盛岡より先は第三セクターに転換

東北新幹線の八戸延伸開業時に、東北本線の盛岡〜八戸間は盛岡〜目時間がIGRいわて銀河鉄道へ、目時〜八戸間が青い森鉄道へと、新たに発足した第三セクター鉄道2社へ転換された。しかし、沿線の様子は特急「はつかり」が往来していた旧国鉄、JR路線時代と大きく変わってはいない。また第三セクター路線の起点となった現在も、駅からは4方向にJR路線が延びている。岩手県下を南北に貫く東北新幹線に新幹線「こまち」が乗り入れる田沢湖線。三陸の港町、宮古へ向かう非電化路線の山田線とその陣容は多彩だ。

東北新幹線とともにIGRいわて銀河鉄道線へ足を踏み出す。程なくしてJRの車両基地である盛岡車両センターの横を通る。「SL銀河」を牽引するC58 238号機のために、盛岡駅構内の機関区跡地へ設けられた検修庫は同施設に属する。また、IGRいわて銀河鉄道の運輸管理所も併設されている。

視界を遮る衝立のような長い検修庫が車窓から消えると在来線は秋田街道を潜り、新幹線は高い高架橋で跨ぐ。青山駅の手前で新幹線を潜り、盛岡新幹線車両センター構内の東側を通る。6車線分の幅がある国道4号を潜る。この辺りは昭和40年代に入って複線化された区間で、上下線の間が若干広くなっている。巣子駅の手前で盛岡から並行してきた新幹線はトンネルへ入る。

在来線は広大な岩手大学演習林の東側を回り込み滝沢へ。駅の周辺には小学校から大学まで、いくつもの学校が並ぶ。詩人石川啄木が幼少期を過ごした渋民村（現・盛岡市渋民）内の駅、渋民を経て曲がりくねった流れの松川を渡ると、JR花輪線が分岐する好摩に到着する。西方には台形の稜線を成す岩手山がそびえる。かつては盛岡市の近隣に町村が点在し、東北本線の駅は小さな街の玄関口という位置付けだった。しかし、近年になって行政組織の合併が進み、現在では好摩〜岩手川口間までが盛岡市内となっている。

東北本線最大の難所だった十三本木峠

蒸気機関車が主力であった時代には転車台が設置され、十三本木峠越えに向かう盛岡方の前線基地だった沼宮内。現在は東北新幹線の駅が置かれ、駅名をいわて沼宮内と変えた。険しくなった谷筋を国道4号とともに進む。御堂〜奥中山高原間の中程で国道を跨ぐ辺りは、上下線が大きく離れて線路はゆったりとした曲線を描いている。

蒸気機関車が三重連で活躍していた時代には、多くの愛好家が撮影に集った場所だ。最急勾配23.8パーミルの上り坂を電車は苦も無く進んで行く。奥中山高原は標高400メートル以上の高冷地に建つ駅。小繋方で口を開ける中山トンネル付近に峠の頂上がある。急峻な馬淵川（まべちがわ）沿いの道を下り込み、周囲の山並みがやや開けると峠越えの機関車が集った一戸に到着。

八戸自動車道を潜った先で、馬淵川を渡る東北新幹線が顔を出す。しかし新幹線、在来線共に進む先はすぐトンネルとなる。前方が明るくなると二戸。構内の西側に新幹線の駅がある。二戸市は古くから地域の中心地であり、鉄道駅が旧町名に因んだ北福岡を名称としていた旧国鉄時代より特急が停車していた。

温泉郷のある金田一温泉を過ぎて新幹線を潜り、トンネルを抜ければ青い森鉄道との境界となる目時に着く。

リンゴ園の中にある複線の棒線駅を、列車は淡々と発車して行く。目時駅に発着する列車は、全てIGRいわて銀河鉄道と青い森鉄道を相互直通運転している。車内では目時で路線の所属会社が変わる旨が放送されていた。

低い山並みに囲まれた三戸には、16世紀に陸奥国の戦国大名であった南部晴政が築いたとされる三戸城（留ケ崎城）の址が城山公園として残る。諏訪ノ平付近で国道が寄り添って来ると車窓南側の展望が開け、沿線は馬淵川に育まれた田園地帯となる。北高岩付近で東北新幹線、八戸自動車道の高架を立て続けに潜り、八戸駅の構内へ入って行く。

陸奥湾に沿って終点青森へ

八戸市は青森、弘前とともに青森県下の主要都市に数えられる。旧東北本線の駅は市街地よりも離れた市内の西方にある。開業時には当時の所在地から駅名を尻内としていた。青い森鉄道、東北新幹線の他、市街地へ向かう八戸線が乗り入れている。また1969（昭和44）年までは当駅と五戸町を結ぶ南部鉄道が営業していた。

八戸から青森方面へ向かう列車は、ほとんどが当駅始発となる。国道454号を潜ると、車窓の東側に八戸貨物駅の構内に並ぶ線路を眺めつつ進む。反対側の車窓には新幹線の高架が続いている。八戸市の郊外を通る八戸北バイパスを2度潜り、遠く十和田湖から流れ出す奥入瀬川を渡る。沿線が木立に囲まれた丘陵地を抜けると空港、在日米軍基地がある三沢に着く。JR駅に隣接して十和田観光電鉄の駅があった。鉄道線は2012年に廃止されたが、駅舎はバスの待合所として姿を留めている。

　白鳥の飛来地、小川原湖を上り線の高架橋越しに望み、七戸川の支流に沿って山間部へ入る。千曳の先でトンネルを抜け、野辺地湾に面した野辺地に着く。下北半島へ向かうJR大湊線は当駅が起点だ。また、現在は東北新幹線の駅、七戸十和田がある内陸部の七戸町へ、南部縦貫鉄道の線路が延びていた。2軸のレールバスが、国鉄車両が発着する構内の外れから発車して行く姿は愛らしかった。

　陸奥湾に突き出した夏泊半島の付け根部分を通ると青森市内へ入り、海辺の保養地として人気の浅虫温泉へと進む。国道4号越しに望む海には笠を伏せ

たような形の湯ノ島が浮かぶ。ここまで来ると鉄道は青森の近郊路線という性格を帯びる。通勤通学の利便性を図るべく、朝の時間帯には区間列車が増発されている。

　海岸線に山の稜線が落ち込む急峻な地形を数本のトンネルで抜け、野内川を渡ると、青森市の市街地が近づいてくる。矢田前を過ぎて国道4号の青森東バイパスを潜り、赤川を渡ると貨物駅が併設されている東青森に至る。さらに市内を流れる駒込川、荒川を渡って、市の中心部へ続く観光通り、青森中央大橋を潜る。車窓の左手に青森車両センターの構内を観ながら右に大きく曲がると、国道7号を潜った先に終点青森の構内が見える。線路は旅の終わりを惜しむかの用に、ホームを過ぎて海岸部の突堤まで延びている。

　青函連絡船が就航していた時代には、渡道客が船着き場へ続く跨線橋に向かって、ホームを足早に進んで行ったものだ。船着き場跡には現在、連絡線で活躍した八甲田丸が記念館となって係留されている。

盛岡駅の三代目駅舎（写真の駅舎）は1959（昭和34）年11月に完成。東北地方では初めての民衆駅となった。現在使用されている駅舎は四代目で、東北新幹線の盛岡開業を翌年に控えた1981（昭和56）年5月に完成した。◎1960（昭和35）年8月　撮影：荻原二郎

御堂駅を通過する特急「はつかり」。気動車特急としての「はつかり」は1960（昭和35）年12月に登場。583系電車寝台を使用した編成に置き換えられる時期もまもなくだ。◎1968（昭和43）年8月27日　撮影：林嶢

盛岡駅西通の上空から、盛岡市の市街全景を空撮。写真手前は建設工事が進む東北新幹線と東北本線、田沢湖線、山田線の盛岡駅。上方は北上川（左右）、中津川（右端）と盛岡市中心部と官庁街。©1978（昭和53）年5月4日　提供：朝日新聞社

北上川と雫石川、中津川が合流する地点に広がる三角州に、盛岡市の市街地が広がっている。盛岡駅はこの西側に位置し、ここで東北本線と田沢湖線、山田線が分かれている。この当時、メインの市街地は中津川沿いにあり、岩手県庁や盛岡市役所の地図記号が見える。その西側に岩手県農学校（現・盛岡農業高校）がある。

陸軍参謀本部陸地測量部発行「1/25000地形図」

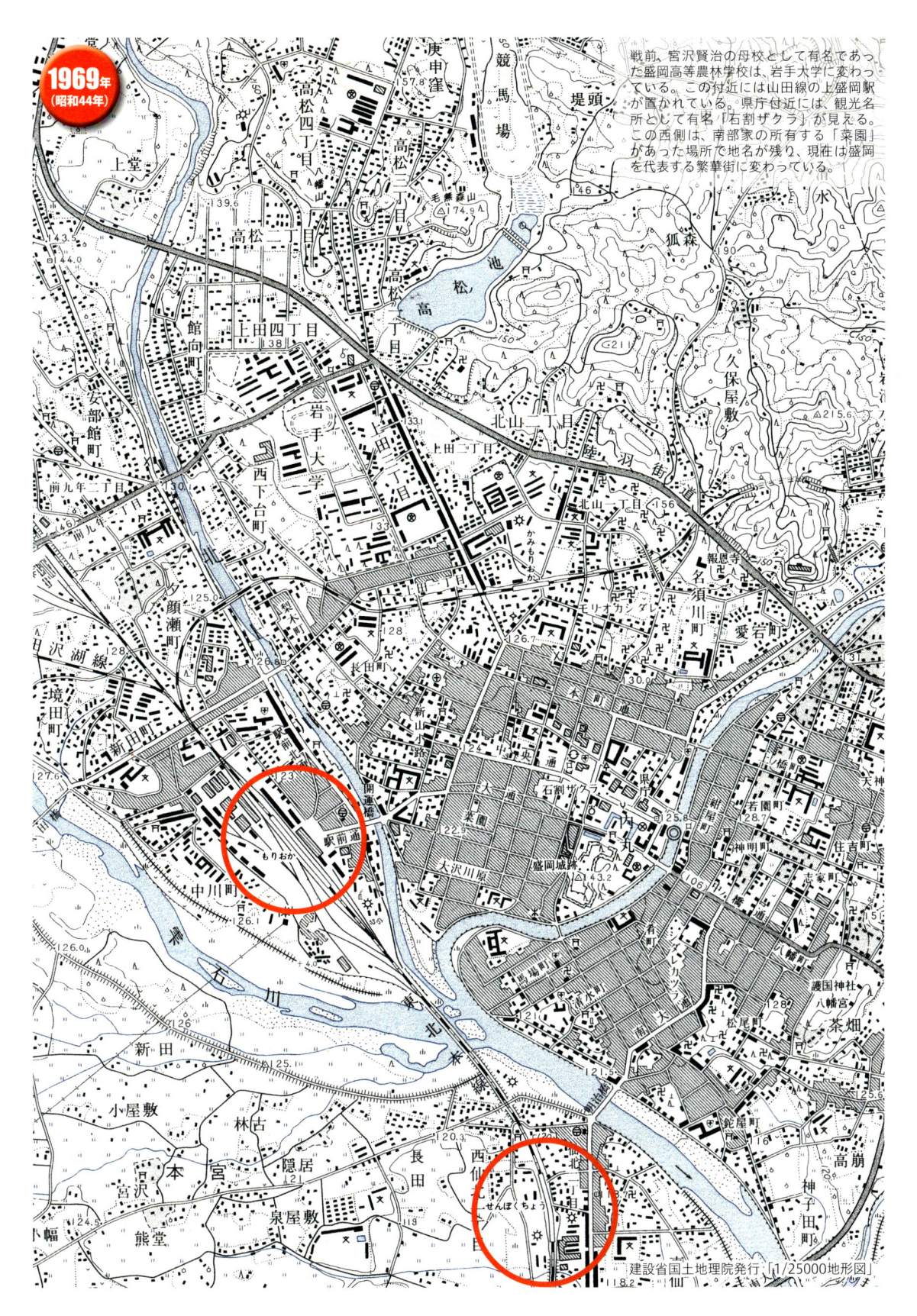

戦前、宮沢賢治の母校として有名であった盛岡高等農林学校は、岩手大学に変わっている。この付近には山田線の上盛岡駅が置かれている。県庁付近には、観光名所として有名「石割ザクラ」が見える。この西側は、南部家の所有する「菜園」があった場所で地名が残り、現在は盛岡を代表する繁華街に変わっている。

建設省国土地理院発行「1/25000地形図」

完成した東北新幹線の駅を背に、盛岡のホームに停車する急行「くりこま」。新幹線開業前には仙台〜青森間で3往復を運転していた。俊足の列車として知られ、時速81.6キロメートルの表定速度は歴代の旧国鉄急行で2位の速さである。◎1982 (昭和57) 年2月1日　撮影：安田就視

ようやく朝日が差し始めた寒い朝。夜を徹して東北本線を走り続けて来た寝台特急「はくつる」が野辺地に到着した。ヘッドマークを掲げる牽引機はEF81。車体の色は本来のローズピンクから交流電気機関車の塗装と同じ赤2号に塗り替えられている。◎1999 (平成11) 年2月　撮影：安田就視

旧国鉄時代の583系特急「はつかり」。春浅い乙供〜千曳間を走る。グリーン車、食堂車を含む13両編成は、同じ運用に就いていた485系よりも普通車が1両多い。長大幹線のみちのく路を走破するに相応しい堂々たる姿だった。◎1973（昭和48）年4月9日
撮影：安田就視

滝沢～厨川（くりやがわ）間には複線化の際、上下線が段違いに敷設された区間がある。上り線を583系の特急「はつかり」が行く。運転区間が盛岡～青森間となって、編成両数は13両から12両に減車された。背景に整った三角形状の姫神山が望まれる。◎1991（平成3）年8月　撮影：安田就視

上下線が段違いに並行する滝沢〜厨川間を行く485系の特急「はつかり」。東北新幹線の盛岡開業以降、秋田運転区に所属していた485系6両編成が、青森運転所所属の9両編成に混じって使用された。短編成の列車では慢性的な混雑が見られた。◎1991（平成3）年8月　撮影：安田就視

丘陵地が続く沼宮内〜御堂間を行く583系の特急「はつかり」。運転区間が盛岡〜青森間となり、民営化後は編成から食堂車が外された。先頭車のJNRマークは外され、代わって白文字のJRシールが貼られたものの、塗装等は旧国鉄時代のままで全盛期の雰囲気を残していた。◎1991（平成3）年8月　撮影：安田就視

東北本線最大の難所であった十三本木峠が控える小繋～奥中山間を行く普通列車は、ED75が牽引する50系客車。長らく旧型客車が使用されていた盛岡地区の普通列車は昭和50年代に入って、新製されたレッドトレインに置き換えられた。
◎1982（昭和57）年4月4日　撮影：安田就視

鉄道開業100年を迎えた1971（昭和46）年。各地で記念列車等が運転される中で、蒸気機関車の三重連で名を馳せた奥中山に煙が再び舞った。貨物列車を牽引する3輌のD51は現役時代を彷彿とさせる迫力で、そぼ降る雨の峠路に煙を残して走り去った。◎御堂〜奥中山1971（昭和47）年9月26日　撮影：安田就視

十三本木峠を越えると沿線は開けた山里の雰囲気になる。小鳥谷～小繋間を行く特急列車は583系の「はつかり」。東北新幹線の盛岡開業以降は盛岡～青森間の運転となった。1988（昭和63）年に青函トンネルが開業すると、2往復が函館まで足を延ばした。◎1991（平成3）年8月 撮影：安田就視

緑に蔽われた千曳駅。1968（昭和43）年の路線改良工事に伴い、千曳の集落近くにあった駅は現所在地へ移転した。旧線は十勝沖地震で不通となっていた南部縦貫鉄道の復旧に利用され、旧千曳駅は同鉄道の西千曳となった。◎1992（平成4）年8月　撮影：安田就視

20世紀末を迎えようとしていた頃の八戸構内。東北新幹線が当駅までの延伸工事を進める中で、東北本線の普通列車は客車から電車へ代替わりしていった。2両編成の701系がホームを隔てて並ぶ。また、気動車が東北本線へ乗り入れる運用もあった。◎1999（平成11）年2月　撮影：安田就視

八戸市の郊外に位置する馬淵川流域の駅、苫米地。所在地は八戸市に隣接する三戸郡南部町内となる。1961（昭和36）年に剣吉〜北高岩間に開業した、八戸周辺では新しい駅だ。隣駅まではそれぞれ3キロメートル前後の距離がある。50系客車の普通列車が人気の無いホームにやって来た。◎1992（平成4）年8月　撮影：安田就視

モルタル塗りの旧駅舎が健在だった頃の好摩駅。当駅から分岐する花輪線の列車は、全てが東北本線へ入って盛岡まで乗り入れている。盛岡〜目時間が第三セクター鉄道のIGRいわて銀河鉄道へ転換されてからも、今日まで運行形態に変わりはない。◎1982（昭和57）年7月19日　撮影：安田就視

キオスクが土産物の魚の干物を軒先に吊るし、素朴な雰囲気が漂う八戸駅舎。2000（平成12）年より東北新幹線の八戸開業に向けて新駅舎の建設が始まった。解体された旧駅舎からでた木材は、写真立てに加工されて販売された。◎1982（昭和57）年4月　撮影：安田就視

浅い三角屋根の小ぢんまりとした駅舎が建っていた旧国鉄時代の三沢。構内には貨車が留め置かれている。ホーム間で荷物を移動させる大柄なホイストが設置され、貨物輸送が盛んであったことを窺わせる。隣接する十和田観光鉄道との間で貨物の受け渡しがあった。◎1982（昭和57）年5月3日　撮影：安田就視

下北半島へ向かう大湊線が分岐し、南部縦貫鉄道の起点であった野辺地。駅前からは十和田市、むつ市方面へ向かうバスが発着し、現在も地域交通の拠点となっている。駅の近くには明治期に造られた日本で最初の鉄道防雪林があり、鉄道記念物に指定されている。◎1982（昭和57）年5月3日　撮影：安田就視

盛大に煙を噴き上げて沼宮内を発車する三重連のD51。後ろに続く貨車は2軸の小型車とはいえ、総重量1000トンを超える長大編成である。さらに構内では他の蒸気機関車のものと思しき煙が幾条も立ち上る。幹線で蒸気機関車が主役であった時代の一コマだ。◎1968（昭和43）年
撮影：柳川知章

千曳を発車するC60牽引の旅客列車。1号機は1953（昭和28）年にC59 27に従台車を4輪支持のものに振り替える等の軸重軽減改造を施されてC601となった。尾久機関区から盛岡機関区に転属して東北本線北部の列車牽引に活躍。最終配属区は青森機関区だった。◎1968（昭和43）年
撮影：柳川知章

乙供〜千曳〜野辺地間では大平地区の丘陵地が立ちはだかり、線路は丘の麓を国道4号と似た経路で野辺地へ向かっていた。1968（昭和43）年に大平トンネルで直線的に野辺地〜千曳間を結ぶ新線が開通し、千曳駅は千曳集落の近くからトンネルの東側口付近に移転した。◎1968（昭和43）年　撮影：柳川知章

コスモスに見送られて向山〜三沢間を行く客車列車は急行「八甲田」。上野〜青森間を約11時間かけて運転していた。昭和50年代までの編成は座席車が主体で、旧型客車が使用されていた。編成の中には軽量客車と呼ばれた10系の姿が見える。◎1972（昭和47）年8月16日　撮影：安田就視

野内付近を流れる野内川を渡る583系の特急「はつかり」。東北新幹線の盛岡開業後、運転区間が盛岡〜青森間となっていた当時の姿だ。寝台用車両の昼間利用が「はつかり」ではすっかり定着していた。◎1986（昭和61）年9月　撮影：安田就視

青森市柳川沖の海上上空から、青森港周辺を広範囲に空撮。中央桟橋は青森港旅客船ターミナル（左）、青函連絡船ターミナル（中）と東北本線、奥羽本線の青森駅（右）。上方は青森市街中心部。◎1983（昭和58）年6月2日　提供：朝日新聞社

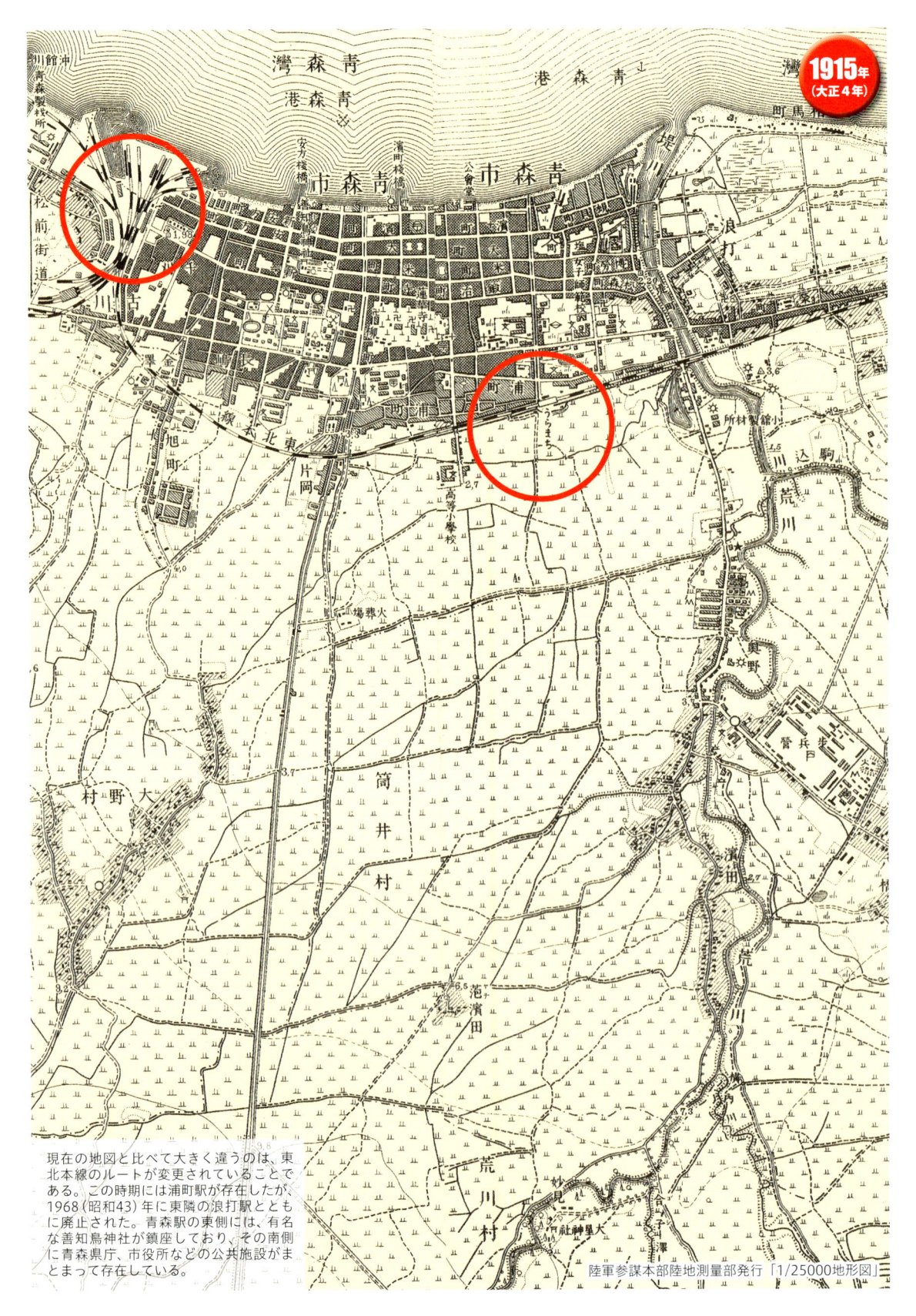

1915年
（大正4年）

現在の地図と比べて大きく違うのは、東北本線のルートが変更されていることである。この時期には浦町駅が存在したが、1968（昭和43）年に東隣の浪打駅とともに廃止された。青森駅の東側には、有名な善知鳥神社が鎮座しており、その南側に青森県庁、市役所などの公共施設がまとまって存在している。

陸軍参謀本部陸地測量部発行「1/25000地形図」

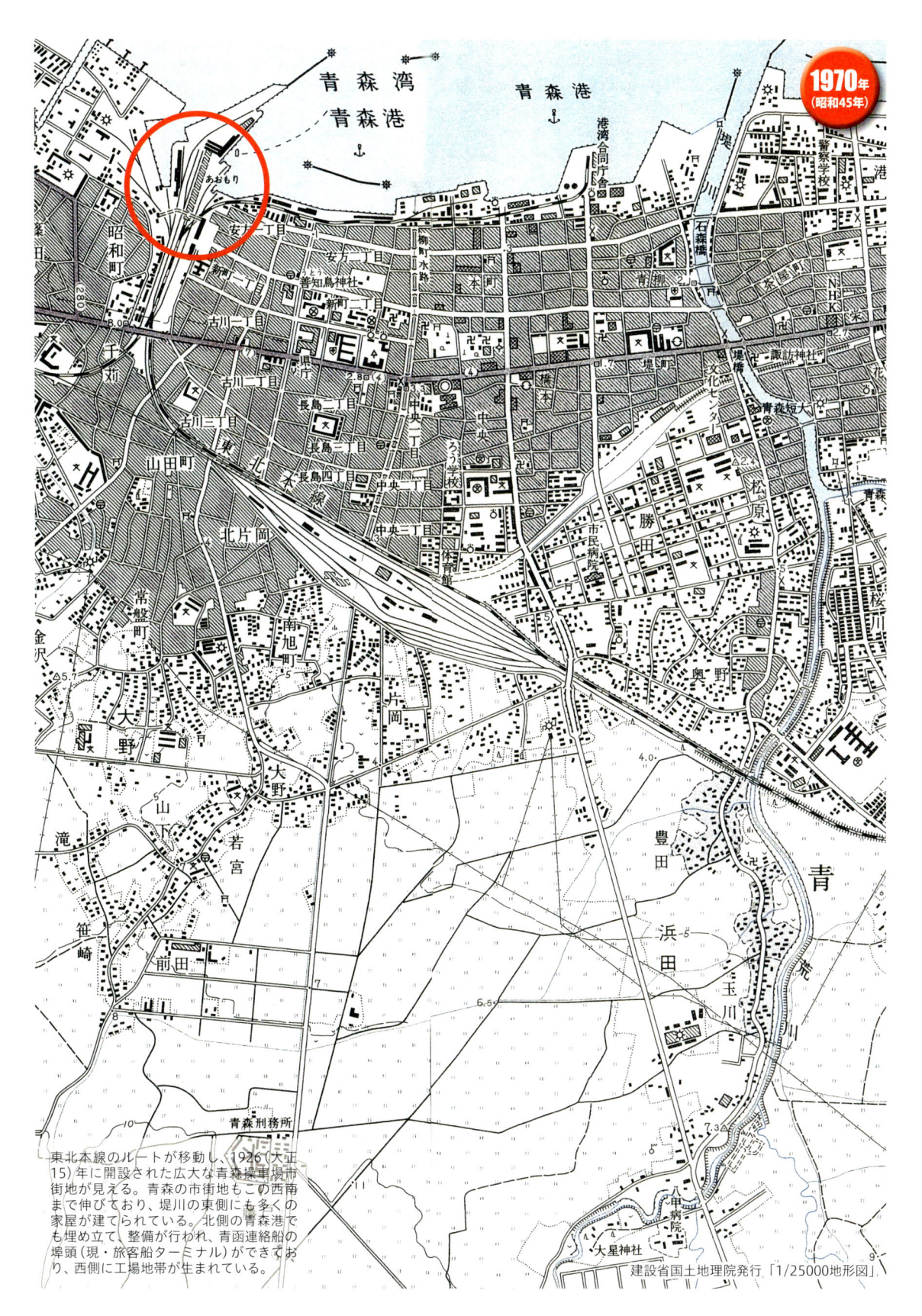

1970年
（昭和45年）

東北本線のルートが移動し、1926（大正
15）年に開設された広大な青森操車場や市
街地が見える。青森の市街地もこの西南
まで伸びており、堤川の東側にも多くの
家屋が建てられている。北側の青森港で
も埋め立て、整備が行われ、青函連絡船の
埠頭（現・旅客船ターミナル）ができてお
り、西側に工場地帯が生まれている。

建設省国土地理院発行「1/25000地形図」

駅前に自動車が所狭しと並ぶ東北本線の終点青森。駅舎の屋根には企業の広告を貼った大きな看板が建つ。構内の背景に架かる斜張橋は青森ベイブリッジ。1985（昭和60）年から建設が始められ、青函連絡線廃止後の1992（平成４）年に供用開始された。現在では市内の名所となっている。◎1992（平成４）年11月22日　撮影：安田就視

青森で発車を待つ特急「はつかり」。終点に到着する上野発の夜行列車と入れ替わるかのようにして、8時台にターミナル駅を離れる。構内は厳冬期の最中で、線路や車両は言うにおよばず、ホームの中程まで雪が吹き込んでいた。◎撮影：安田就視

日がとっぷりと暮れた青森で発車を待つ寝台特急「ゆうづる」。上野〜青森間で運転された夜行列車は、北海道へ向かう利用客の人気が高かった。最盛期となった1975（昭和50）年から東北新幹線の盛岡開業時まで7往復が設定されていた。◎1979（昭和54）年12月11日　撮影：安田就視

秋に訪れた青森駅前の光景。駅舎の近くから続く商店街の店先には、県を代表する農産物のリンゴが並ぶ。周辺の雑然とした雰囲気や、頬被りをした女性の姿が生活感を漂わせている。駅前に停車するバスの向う側には、青函連絡船の煙突が見える。◎1979（昭和54）年11月8日　撮影：安田就視

青森駅を発車した快速「海峡」。青函トンネルの開業に合わせ、青森
〜函館間を結ぶ列車として設定された。50系・51系客車に冷房装
置を搭載し、窓を固定化した専用車両が用いられた。写真の14系客
車は急行「はまなす」の間合い運用で「海峡」に充当されていた。
◎1994（平成6）年3月　撮影：安田就視

特急用電車から客車まで、東北本線で運転される多種多様な車両が集った青森運転所（現・盛岡車両センター青森派出所）。運転所時代には多くの寝台客車が所属していた。構内は青森駅から1.2キロメートルほど離れた場所で東北本線沿いにあった。◎1975（昭和50）年5月10日　撮影：安田就視

青函連絡船羊蹄丸にコンテナを積載した貨車が積み込まれている。青函連絡船は旅客輸送とともに貨物輸送も担っていた。青森駅構内から船が発着する埠頭の先端部まで線路が延び、船底には車両を陸地からそのまま搬入できるようにレールが敷かれていた。◎1979（昭和54）年11月8日　撮影：安田就視

牧野和人（まきの かずと）

1962（昭和37）年、三重県生まれ。写真家。京都工芸繊維大学卒。幼少期より鉄道の撮影に親しむ。平成13年より生業として写真撮影、執筆業に取り組み、撮影会講師等を務める。企業広告、カレンダー、時刻表、旅行誌、趣味誌等に作品を多数発表。臨場感溢れる絵づくりをもっとうに四季の移ろいを求めて全国各地へ出向いている。

【写真】安田就視（やすだ なるみ）

1931（昭和6）年2月、香川県生まれ、写真家。日本画家の父につき、日本画や漫画を習う。高松市で漆器の蒔絵を描き、彫刻を習う。その後、カメラマンになり大自然の風景に魅せられ、北海道から九州まで全国各地の旅を続ける。蒸気機関車をはじめとする消えゆく昭和の鉄道風景をオールカラーで撮影。

【写真提供】

荻原二郎、小川峯生、高橋義雄、林嶢、柳川知章、山田虎雄、朝日新聞社

【絵葉書提供・文】

生田 誠

【古地図、時刻表所蔵】

国立国会図書館

東北本線
1960～90年代の思い出アルバム

発行日……………2018年12月5日　第1刷　　※定価はカバーに表示してあります。

著者……………牧野和人
発行者……………春日俊一
発行所……………株式会社アルファベータブックス
　　　　　　　　〒102-0072　東京都千代田区飯田橋2-14-5 定谷ビル
　　　　　　　　TEL.03-3239-1850　FAX.03-3239-1851
　　　　　　　　http://ab-books.hondana.jp/

編集協力……………株式会社フォト・パブリッシング
デザイン・DTP………柏倉栄治
印刷・製本…………モリモト印刷株式会社